Über dieses Buch

Von den frühen Erzählungen Hermann Hesses, wegen ihres warmen, innigen Tons, ihrer Vornehmheit und einfachen Klarheit immer wieder gerühmt und gelesen, sind hier drei vereint, die der Autor in die spätere, erweiterte und bearbeitete Ausgabe seines Sammelbandes »Diesseits« (1930) aufgenommen hat. Beim Wiederlesen von »Heumond« und »Schön ist die Jugend« schrieb Hesse: »Unbegreiflich fremd und ferne / Blickt die Jugendheimat her / Ihre Sonnen, ihre Sterne / Leuchten meinem Weg nicht mehr / Ihre Freuden und Beschwerden / Heute Lied und Sage sind / Ihre Namen und Gebärden / Kaum noch Blätterspiel im Wind / Aber hier auf Buches Zeilen / Stehen sie zum Bild gebannt / Warten treulich und verweilen / Haben Form und halten Stand / Und nach leidgetränkten Jahren / Die so vieles uns zerstört / Wird der Welt, die wir einst waren / Sage immer noch gehört / Ihre Runen werden bleicher / Ihre Töne fern und zart / Doch sie hat in zauberreicher / Anmut ewige Gegenwart.«

Der Autor

Hermann Hesse, 1877 in Calw/Württ. geboren, besuchte das Maulbronner Seminar und trat zunächst in eine kaufmännische Lehre ein. Seit 1904 freier Schriftsteller, lebte er von 1919 bis zu seinem Tod 1962 in Montagnola (Schweiz). 1946 erhielt er den Nobelpreis für Literatur.

Hermann Hesse

Schön ist die Jugend

Erzählungen

Fischer
Taschenbuch
Verlag

Fischer Taschenbuch Verlag
1.– 25. Tausend: November 1971
26.– 37. Tausend: Juni 1972
38.– 55. Tausend: Dezember 1972
56.– 75. Tausend: September 1973
76.– 87. Tausend: November 1974
88.–100. Tausend: August 1975
101.–112. Tausend: Mai 1976
113.–127. Tausend: Juni 1977
128.–137. Tausend: Oktober 1978
138.–147. Tausend: Juli 1979
Ungekürzte Ausgabe

Umschlagentwurf: Hetty Kirst

Fischer Taschenbuch Verlag GmbH, Frankfurt am Main
Lizenzausgabe mit freundlicher Genehmigung
des Suhrkamp Verlages, Frankfurt am Main

Gesamtherstellung: Hanseatische Druckanstalt GmbH, Hamburg
Printed in Germany
380-ISBN-3-596-21273-1

Inhalt

Heumond

Das Landhaus Erlenhof lag nicht weit vom Wald und Gebirge in der hohen Ebene.

Vor dem Hause war ein großer Kiesplatz, in den die Landstraße mündete. Hier konnten die Wagen vorfahren, wenn Besuch kam. Sonst lag der viereckige Platz immer leer und still und schien dadurch noch größer, als er war, namentlich bei gutem Sommerwetter, wenn das blendende Sonnenlicht und die heiße Zitterluft ihn so anfüllte, daß man nicht daran denken mochte, ihn zu überschreiten.

Der Kiesplatz und die Straße trennten das Haus vom Garten. ›Garten‹ sagte man wenigstens, aber es war vielmehr ein mäßig großer Park, nicht sehr breit, aber tief, mit stattlichen Ulmen, Ahornen und Platanen, gewundenen Spazierwegen, einem jungen Tannendikkicht und vielen Ruhebänken. Dazwischen lagen sonnige, lichte Rasenstücke, einige leer und einige mit Blumenrondells oder Ziersträuchern geschmückt, und in dieser heiteren, warmen Rasenfreiheit standen allein und auffallend zwei große einzelne Bäume.

Der eine war eine Trauerweide. Um ihren Stamm lief eine schmale Lattenbank, und ringsum hingen die langen, seidig zarten, müden Zweige so tief und dicht herab, daß es innen ein Zelt oder Tempel war, wo trotz des ewigen Schattens und Dämmerlichtes eine stete, matte Wärme brütete.

Der andere Baum, von der Weide durch eine niedrig umzäunte Wiese getrennt, war eine mächtige Blutbuche. Sie sah von weitem dunkelbraun und fast schwarz aus. Wenn man jedoch näher kam oder sich unter sie stellte und emporschaute, brannten alle Blätter der äußeren Zweige, vom Sonnenlichte durchdrungen, in einem warmen, leisen Purpurfeuer, das mit verhaltener und feierlich gedämpfter Glut wie in Kirchenfenstern leuchtete. Die alte Blutbuche war die berühmteste und merkwürdigste Schönheit des großen Gartens, und man konnte sie von überallher sehen. Sie stand allein und dunkel mitten in dem hellen Graslande, und sie war hoch genug, daß man, wo man auch vom Park aus nach ihr blickte, ihre runde, feste, schöngewölbte Krone mitten im blauen Luftraum stehen sah, und je heller und blendender die Bläue war, desto schwärzer und feierlicher ruhte der Baumwipfel in ihr. Er konnte je nach der Witterung und Tageszeit sehr verschieden aussehen. Oft sah man ihm an, daß er wußte, wie schön er sei und daß er nicht ohne Grund allein und stolz weit von den anderen Bäumen stehe. Er brüstete sich und blickte kühl über alles hinweg in den Himmel. Oft auch sah er aber aus, als wisse er wohl, daß er der einzige seiner Art im Garten sei und keine Brüder habe. Dann schaute er zu den übrigen, entfernten Bäumen hinüber, suchte und hatte Sehnsucht. Morgens war er am schönsten, und auch abends, bis die Sonne rot wurde, aber dann war er plötzlich gleichsam erloschen, und es schien an seinem Orte eine Stunde früher Nacht zu werden als sonst überall. Das eigentümlichste und düsterste Aussehen hatte er jedoch an Regentagen. Während die anderen Bäume atmeten und sich reckten und freudig mit hellerem Grün erprangten, stand er wie tot in seiner Einsamkeit, vom Wipfel bis zum Boden schwarz anzusehen. Ohne daß er zitterte, konnte man doch sehen, daß er fror und daß er mit Unbehagen und Scham so allein und preisgegeben stand.

Früher war der regelmäßig angelegte Lustpark ein strenges Kunstwerk gewesen. Als dann aber Zeiten kamen, in welchen den Menschen ihr mühseliges Warten und Pflegen und Beschneiden verleidet war und niemand mehr nach den mit Mühe hergepflanzten Anlagen fragte, waren die Bäume auf sich selber angewiesen. Sie hatten Freundschaft untereinander geschlossen, sie hatten ihre kunstmäßige, isolierte Rolle vergessen, sie hatten sich in der Not ihrer alten Waldheimat erinnert, sich aneinandergelehnt, mit den Armen umschlungen und gestützt. Sie hatten die schnurgeraden Wege mit dickem Laub verborgen und mit ausgreifenden Wurzeln an sich gezogen und in nährenden Waldboden verwandelt, ihre Wipfel ineinander verschränkt und festgewachsen, und sie sahen in ihrem Schutze ein eifrig aufstrebendes junges Baumvolk aufwachsen, das mit glatteren Stämmen und lichteren Laubfarben die Leere füllte, den brachen Boden eroberte und durch Schatten und Blätterfall die Erde schwarz, weich und fett machte, so daß nun auch die Moose und Gräser und kleinen Gesträuche ein leichtes Fortkommen hatten.

Als nun später von neuem Menschen herkamen und den einstigen Garten zu Rast und Lustbarkeit gebrauchen wollten, war er ein kleiner Wald geworden. Man mußte sich bescheiden. Zwar wurde der alte Weg zwischen den zwei Platanenreihen wiederhergestellt, sonst aber begnügte man sich damit, schmale und gewundene Fußwege durch das Dickicht zu ziehen, die heidigen Lichtungen mit Rasen zu besäen und an guten Plätzen grüne Sitzbänke aufzustellen. Und die Leute, deren Großväter die Platanen nach der Schnur gepflanzt und beschnitten und nach Gutdünken gestellt und geformt hatten, kamen nun mit ihren Kindern zu ihnen zu Gast und waren froh, daß in der langen Verwahrlosung aus den Alleen ein Wald geworden war, in welchem Sonne und Wind ruhen und Vögel singen und Menschen ihren Gedanken, Träumen und Gelüsten nachhängen konnten.

Paul Abderegg lag im Halbschatten zwischen Gehölz und Wiese und hatte ein weiß und rot gebundenes Buch in der Hand. Bald las er darin, bald sah er übers Gras hinweg den flatternden Bläulingen nach. Er stand eben da, wo Frithjof über Meer fährt, Frithjof der Liebende, der Tempelräuber, der von der Heimat Verbannte. Groll und Reue in der Brust, segelt er über die ungastliche See, am Steuer stehend; Sturm und Gewoge bedrängen das schnelle Drachenschiff, und bitteres Heimweh bezwingt den starken Steuermann.

Über der Wiese brütete die Wärme, hoch und gellend sangen die Grillen, und im Innern des Wäldchens sangen tiefer und süßer die Vögel. Es war herrlich, in dieser einsamen Wirrnis von Düften und Tönen und Sonnenlichtern hingestreckt in den heißen Himmel zu blinzeln, oder rückwärts in die dunkeln Bäume hineinzulauschen, oder mit geschlossenen Augen sich auszurecken und das tiefe, warme Wohlsein durch alle Glieder zu spüren. Aber Frithjof fuhr über Meer, und morgen kam Besuch, und wenn er nicht heute noch das Buch zu Ende las, war es vielleicht wieder nichts damit, wie im vorigen Herbst. Da war er auch hier gelegen und hatte die Frithjofsage angefangen, und es war auch Besuch gekommen, und mit dem Lesen hatte es ein Ende gehabt. Das Buch war dageblieben, er aber ging in der Stadt in seine Schule und dachte zwischen Homer und Tacitus beständig an das angefangene Buch und was im Tempel geschehen würde, mit dem Ring und der Bildsäule.

Er las mit neuem Eifer, halblaut, und über ihm lief ein schwacher Wind durch die Ulmenkronen, sang das

Gevögel und flogen die gleißenden Falter, Mücken und Bienen. Und als er zuklappte und in die Höhe sprang, hatte er das Buch zu Ende gelesen, und die Wiese war voll Schatten, und am hellroten Himmel erlosch der Abend. Eine müde Biene setzte sich auf seinen Ärmel und ließ sich tragen. Die Grillen sangen noch immer. Paul ging schnell davon, durchs Gebüsch und den Platanenweg und dann über die Straße und den stillen Vorplatz ins Haus. Er war schön anzusehen, in der schlanken Kraft seiner sechzehn Jahre, und den Kopf hatte er mit stillen Augen gesenkt, noch von den Schicksalen des nordischen Helden erfüllt und zum Nachdenken genötigt.

Die Sommerstube, wo man die Mahlzeiten hielt, lag zuhinterst im Hause. Sie war eigentlich eine Halle, vom Garten nur durch eine Glaswand getrennt, und sprang geräumig als ein kleiner Flügel aus dem Hause vor. Hier war nun der eigentliche Garten, der von alters her ›am See‹ genannt wurde, wenngleich statt eines Sees nur ein kleiner, länglicher Teich zwischen den Beeten, Spalierwänden, Wegen und Obstpflanzungen lag. Die aus der Halle ins Freie führende Treppe war von Oleandern und Palmen eingefaßt, im übrigen sah es ›am See‹ nicht herrschaftlich, sondern behaglich ländlich aus.

»Also morgen kommen die Leutchen«, sagte der Vater. »Du freust dich hoffentlich, Paul?«

»Ja, schon.«

»Aber nicht von Herzen? Ja, mein Junge, da ist nichts zu machen. Für uns paar Leute ist ja Haus und Garten viel zu groß, und für niemand soll doch die ganze Herrlichkeit nicht da sein! Ein Landhaus und ein Park sind dazu da, daß fröhliche Menschen drin herumlaufen, und je mehr, desto besser. Übrigens kommst du mit solenner Verspätung. Suppe ist nimmer da.«

Dann wandte er sich an den Hauslehrer.
»Verehrtester, man sieht Sie ja gar nie im Garten. Ich hatte immer gedacht, Sie schwärmen fürs Landleben.«
Herr Homburger runzelte die Stirn.
»Sie haben vielleicht recht. Aber ich möchte die Ferienzeit doch möglichst zu meinen Privatstudien verwenden.«
»Alle Hochachtung, Herr Homburger! Wenn einmal Ihr Ruhm die Welt erfüllt, lasse ich eine Tafel unter Ihrem Fenster anbringen. Ich hoffe bestimmt, es noch zu erleben.«
Der Hauslehrer verzog das Gesicht. Er war sehr nervös.
»Sie überschätzen meinen Ehrgeiz«, sagte er frostig. »Es ist mir durchaus einerlei, ob mein Name einmal bekannt wird oder nicht. Was die Tafel betrifft –«
»Oh, seien Sie unbesorgt, lieber Herr! Aber Sie sind entschieden zu bescheiden. Paul, nimm dir ein Muster!«
Der Tante schien es nun an der Zeit, den Kandidaten zu erretten. Sie kannte diese Art von höflichen Dialogen, die dem Hausherrn so viel Vergnügen machten, und sie fürchtete sie. Indem sie Wein anbot, lenkte sie das Gespräch in andere Gleise und hielt es darin fest.
Es war hauptsächlich von den erwarteten Gästen die Rede. Paul hörte kaum darauf. Er aß nach Kräften und besann sich nebenher wieder einmal darüber, wie es käme, daß der junge Hauslehrer neben dem fast grauhaarigen Vater immer aussah, als sei er der Ältere.
Vor den Fenstern und Glastüren begann Garten, Baumland, Teich und Himmel sich zu verwandeln, vom ersten Schauer der heraufkommenden Nacht berührt. Die Gebüsche wurden schwarz und rannen in dunkle Wogen zusammen, und die Bäume, deren Wip-

fel die ferne Hügellinie überschritten, reckten sich mit ungeahnten, bei Tage nie gesehenen Formen dunkel und mit einer stummen Leidenschaft in den lichteren Himmel. Die vielfältige fruchtbare Landschaft verlor ihr friedlich buntes zerstreutes Wesen mehr und mehr und rückte in großen, fest geschlossenen Massen zusammen. Die entfernten Berge sprangen kühner und entschlossener empor, die Ebene lag schwärzlich hingebreitet und ließ nur noch die stärkeren Schwellungen des Bodens durchfühlen. Vor den Fenstern kämpfte das noch vorhandene Tageslicht müde mit dem herabfallenden Lampenschimmer.

Paul stand in dem offenen Türflügel und schaute zu, ohne viel Aufmerksamkeit und ohne viel dabei zu denken. Er dachte wohl, aber nicht an das, was er sah. Er sah es Nacht werden. Aber er konnte nicht fühlen, wie schön es war. Er war zu jung und lebendig, um so etwas hinzunehmen und zu betrachten und sein Genüge daran zu finden. Woran er dachte, das war eine Nacht am nordischen Meer. Am Strande zwischen schwarzen Bäumen wälzt der düster lodernde Tempelbrand Glut und Rauch gen Himmel, an den Felsen bricht sich die See und spiegelt wilde rote Lichter, im Dunkel enteilt mit vollen Segeln ein Wikingerschiff.

»Nun, Junge«, rief der Vater, »was hast du denn heut wieder für einen Schmöker draußen gehabt?«

»Oh, den Frithjof!«

»So so, lesen das die jungen Leute noch immer? Herr Homburger, wie denken Sie darüber? Was hält man heutzutage von diesem alten Schweden? Gilt er noch?«

»Sie meinen Esajas Tegnér?«

»Ja, richtig, Esajas. Nun?«

»Ist tot, Herr Abderegg, vollkommen tot.«

»Das glaub ich gerne! Gelebt hat der Mann schon zu

meinen Zeiten nicht mehr, ich meine damals, als ich ihn las. Ich wollte fragen, ob er noch Mode ist.«

»Ich bedaure, über Mode und Moden bin ich nicht unterrichtet. Was die wissenschaftlich-ästhetische Wertung betrifft—«

»Nun ja, das meinte ich. Also die Wissenschaft——?«

»Die Literaturgeschichte verzeichnet jenen Tegnér lediglich noch als Namen. Er war, wie Sie sehr richtig sagten, eine Mode. Damit ist ja alles gesagt. Das Echte, Gute ist nie Mode gewesen, aber es lebt. Und Tegnér ist, wie ich sagte, tot. Er existiert für uns nicht mehr. Er scheint uns unecht, geschraubt, süßlich ...«

Paul wandte sich heftig um.

»Das kann doch nicht sein, Herr Homburger!«

»Darf ich fragen, warum nicht?«

»Weil es schön ist! Ja, es ist einfach schön.«

»So? Das ist aber doch kein Grund, sich so aufzuregen.«

»Aber Sie sagen, es sei süßlich und habe keinen Wert. Und es ist doch wirklich schön.«

»Meinen Sie? Ja, wenn Sie so felsenfest wissen, was schön ist, sollte man Ihnen einen Lehrstuhl einräumen. Aber wie Sie sehen, Paul — diesmal stimmt Ihr Urteil nicht mit der Ästhetik. Sehen Sie, es ist gerade umgekehrt wie mit Thucydides. Den findet die Wissenschaft schön, und Sie finden ihn schrecklich. Und den Frithjof—«

»Ach, das hat doch mit der Wissenschaft nichts zu tun.«

»Es gibt nichts, schlechterdings nichts in der Welt, womit die Wissenschaft nicht zu tun hätte. — Aber, Herr Abderegg, Sie erlauben wohl, daß ich mich empfehle.«

»Schon?«

»Ich sollte noch etwas schreiben.«

»Schade, wir wären gerade so nett ins Plaudern gekommen. Aber über alles die Freiheit! Also gute Nacht!«

Herr Homburger verließ das Zimmer höflich und steif und verlor sich geräuschlos im Korridor.

»Also die alten Abenteuer haben dir gefallen, Paul?« lachte der Hausherr. »Dann laß sie dir von keiner Wissenschaft verhunzen, sonst geschieht's dir recht. Du wirst doch nicht verstimmt sein?«

»Ach, es ist nichts. Aber weißt du, ich hatte doch gehofft, der Herr Homburger würde nicht mit aufs Land kommen. Du hast ja gesagt, ich brauche in diesen Ferien nicht zu büffeln.«

»Ja, wenn ich das gesagt habe, ist's auch so, und du kannst froh sein. Und der Herr Lehrer beißt dich ja nicht.«

»Warum mußte er denn mitkommen?«

»Ja siehst du, Junge, wo hätt er denn sonst bleiben sollen? Da, wo er daheim ist, hat er's leider nicht sonderlich schön. Und ich will doch auch mein Vergnügen haben! Mit unterrichteten und gelehrten Männern verkehren ist Gewinn, das merke dir. Ich möchte unsern Herrn Homburger nicht gern entbehren.«

»Ach, Papa, bei dir weiß man nie, was Spaß und was Ernst ist.«

»So lerne es unterscheiden, mein Sohn. Es wird dir nützlich sein. Aber jetzt wollen wir noch ein bißchen Musik machen, nicht?«

Paul zog den Vater sogleich freudig ins nächste Zimmer. Es geschah nicht so häufig, daß Papa unaufgefordert mit ihm spielte. Und das war kein Wunder, denn er war ein Meister auf dem Klavier, und der Junge konnte, mit ihm verglichen, nur eben so ein wenig klimpern.

Tante Grete blieb allein zurück. Vater und Sohn gehörten zu den Musikanten, die nicht gerne einen Zuhörer vor der Nase haben, aber gerne einen unsichtbaren, von dem sie wissen, daß er nebenan sitzt und lauscht. Das wußte die Tante wohl. Wie sollte sie es auch nicht wissen? Wie sollte ihr irgendein kleiner, zarter Zug an den beiden fremd sein, die sie seit Jahren mit Liebe umgab und behütete und die sie beide wie Kinder ansah.

Sie saß ruhend in einem der biegsamen Rohrsessel und horchte. Was sie hörte, war eine vierhändig gespielte Ouvertüre, die sie gewiß nicht zum erstenmal vernahm, deren Namen sie aber nicht hätte sagen können; denn so gern sie Musik hörte, verstand sie doch wenig davon. Sie wußte, nachher würde der Alte oder der Bub beim Herauskommen fragen: ›Tante, was war das für ein Stück?‹ Dann würde sie sagen ›von Mozart‹ oder ›aus Carmen‹ und dafür ausgelacht werden, denn es war immer etwas anderes gewesen.

Sie horchte, lehnte sich zurück und lächelte. Es war schade, daß niemand es sehen konnte, denn ihr Lächeln war von der echten Art. Es geschah weniger mit den Lippen als mit den Augen; das ganze Gesicht, Stirn und Wangen glänzten innig mit, und es sah aus wie ein tiefes Verstehen und Liebhaben.

Sie lächelte und horchte. Es war eine schöne Musik, und sie gefiel ihr höchlich. Doch hörte sie keineswegs die Ouvertüre allein, obwohl sie ihr zu folgen versuchte. Zuerst bemühte sie sich herauszubringen, wer oben sitze und wer unten. Paul saß unten, das hatte sie bald erhorcht. Nicht daß es gehapert hätte, aber die oberen Stimmen klangen so leicht und kühn und sangen so von innen heraus, wie kein Schüler spielen kann. Und nun konnte sich die Tante alles vorstellen. Sie sah die zwei am Flügel sitzen. Bei prächtigen Stellen sah sie den Vater zärtlich schmunzeln. Paul aber sah sie bei solchen Stellen mit geöffneten Lippen und flammenden Augen sich auf dem Sessel höher recken. Bei besonders heiteren Wendungen paßte sie auf, ob Paul nicht lachen müsse. Dann schnitt nämlich der Alte manchmal eine Grimasse oder machte so eine burschikose Armbewegung, daß es für junge Leute nicht leicht war, an sich zu halten.

Je weiter die Ouvertüre vorwärtsgedieh, desto deutlicher sah das Fräulein ihre beiden vor sich, desto inniger las sie in ihren vom Spielen erregten Gesichtern. Und mit der raschen Musik lief ein großes Stück Leben, Erfahrung und Liebe an ihr vorbei.

Es war Nacht, man hatte einander schon »Schlaf wohl« gesagt, und jeder war in sein Zimmer gegangen. Hier und dort ging noch eine Türe, ein Fenster auf oder zu. Dann ward es still.

Was auf dem Lande sich von selber versteht, die Stille der Nacht, ist doch für den Städter immer wieder ein Wunder. Wer aus seiner Stadt heraus auf ein Landgut oder in einen Bauernhof kommt und den ersten Abend am Fenster steht oder im Bette liegt, den umfängt diese Stille wie ein Heimatzauber und Ruheport, als wäre er dem Wahren und Gesunden nähergekommen und spüre ein Wehen des Ewigen.

Es ist ja keine vollkommene Stille. Sie ist voll von Lauten, aber es sind dunkle, gedämpfte, geheimnisvolle Laute der Nacht, während in der Stadt die Nachtgeräusche sich von denen des Tages so bitter wenig unterscheiden. Es ist das Singen der Frösche, das Rauschen der Bäume, das Plätschern des Baches, der Flug eines Nachtvogels, einer Fledermaus. Und wenn etwa einmal ein verspäteter Leiterwagen vorüberjagt oder ein Hofhund anschlägt, so ist es ein erwünschter Gruß des Lebens und wird majestätisch von der Weite des Luftraums gedämpft und verschlungen.

Der Hauslehrer hatte noch Licht brennen und ging unruhig und müde in der Stube auf und ab. Er hatte den ganzen Abend bis gegen Mitternacht gelesen. Dieser junge Herr Homburger war nicht, was er schien oder scheinen wollte. Er war kein Denker. Er war nicht einmal ein wissenschaftlicher Kopf. Aber er hatte einige Gaben, und er war jung. So konnte es ihm, in dessen Wesen es keinen befehlenden und unausweichlichen Schwerpunkt gab, an Idealen nicht fehlen.
Zur Zeit beschäftigten ihn einige Bücher, in welchen merkwürdig schmiegsame Jünglinge sich einbildeten, Bausteine zu einer neuen Kultur aufzutürmen, indem sie in einer weichen, wohllauten Sprache bald Ruskin, bald Nietzsche um allerlei kleine, schöne, leicht tragbare Kleinode bestahlen. Diese Bücher waren viel amüsanter zu lesen als Ruskin und Nietzsche selber, sie waren von koketter Grazie, groß in kleinen Nuancen und von seidig vornehmem Glanze. Und wo es auf einen großen Wurf, auf Machtworte und Leidenschaft ankam, zitierten sie Dante oder Zarathustra.
Deshalb war auch Homburgers Stirn umwölkt, sein Auge müde wie vom Durchmessen ungeheurer Räume und sein Schritt erregt und ungleich. Er fühlte, daß an die ihn umgebende schale Alltagswelt allenthalben Mauerbrecher gelegt waren und daß es galt, sich an die Propheten und Bringer der neuen Seligkeit zu halten. Schönheit und Geist würde ihre Welt durchfluten, und jeder Schritt in ihr würde von Poesie und Weisheit triefen.
Vor seinen Fenstern lag und wartete der gestirnte Himmel, die schwebende Wolke, der träumende Park, das schlafend atmende Feld und die ganze Schönheit der Nacht. Sie wartete darauf, daß er ans Fenster trete und sie schaue. Sie wartete darauf, sein Herz mit Sehnsucht und Heimweh zu verwunden, seine Augen kühl

zu baden, seiner Seele gebundene Flügel zu lösen. Er legte sich aber ins Bett, zog die Lampe näher und las im Liegen weiter.

Paul Abderegg hatte kein Licht mehr brennen, schlief aber noch nicht, sondern saß im Hemde auf dem Fensterbrett und schaute in die ruhigen Baumkronen hinein. Den Helden Frithjof hatte er vergessen. Er dachte überhaupt an nichts Bestimmtes, er genoß nur die späte Stunde, deren reges Glücksgefühl ihn noch nicht schlafen ließ. Wie schön die Sterne in der Schwärze standen! Und wie der Vater heute wieder gespielt hatte! Und wie still und märchenhaft der Garten da im Dunkeln lag!

Die Juninacht umschloß den Knaben zart und dicht, sie kam ihm still entgegen, sie kühlte, was noch in ihm heiß und flammend war. Sie nahm ihm leise den Überfluß seiner Jugend ab, bis seine Augen ruhig und seine Schläfen kühl wurden, und dann blickte sie ihm lächelnd als eine gute Mutter in die Augen. Er wußte nicht mehr, wer ihn anschaue und wo er sei, er lag schlummernd auf dem Lager, atmete tief und schaute gedankenlos hingegeben in große, stille Augen, in deren Spiegel Gestern und Heute zu wunderlich verschlungenen Bildern und schwer zu entwirrenden Sagen wurden.

Auch des Kandidaten Fenster war nun dunkel. Wenn jetzt etwa ein Nachtwanderer auf der Landstraße vorüberkam und Haus und Vorplatz, Park und Garten lautlos im Schlummer liegen sah, konnte er wohl mit einem Heimweh herüberblicken und sich des ruhevollen Anblicks mit halbem Neide freuen. Und wenn es ein armer, obdachloser Fechtbruder war, konnte er unbesorgt in den arglos offenstehenden Park eintreten und sich die längste Bank zum Nachtlager aussuchen.

Am Morgen war diesmal gegen seine Gewohnheit der Hauslehrer vor allen andern wach. Munter war er darum nicht. Er hatte sich mit dem langen Lesen bei Lampenlicht Kopfweh geholt; als er dann endlich die Lampe gelöscht hatte, war das Bett schon zu warmgelegen und zerwühlt zum Schlafen, und nun stand er nüchtern und fröstelnd mit matten Augen auf. Er fühlte deutlicher als je die Notwendigkeit einer neuen Renaissance, hatte aber für den Augenblick zur Fortsetzung seiner Studien keine Lust, sondern spürte ein heftiges Bedürfnis nach frischer Luft. So verließ er leise das Haus und wandelte langsam feldeinwärts.

Überall waren schon die Bauern an der Arbeit und blickten dem ernst Dahinschreitenden flüchtig und, wie es ihm zuweilen scheinen wollte, spöttisch nach. Dies tat ihm weh, und er beeilte sich, den nahen Wald zu erreichen, wo ihn Kühle und mildes Halblicht umfloß. Eine halbe Stunde trieb er sich verdrossen dort umher. Dann fühlte er eine innere Öde und begann zu erwägen, ob es nun wohl bald einen Kaffee geben werde. Er kehrte um und lief an den schon warm besonnten Feldern und unermüdlichen Bauersleuten vorüber wieder heimwärts.

Unter der Haustür kam es ihm plötzlich unfein vor, so heftig und happig zum Frühstück zu eilen. Er wandte um, tat sich Gewalt an und beschloß, vorher noch gemäßigten Schrittes einen Gang durch die Parkwege zu tun, um nicht atemlos am Tische zu erscheinen. Mit künstlich bequemem Schlenderschritt ging er durch die Platanenallee und wollte soeben gegen den Ulmenwinkel umwenden, als ein unvermuteter Anblick ihn erschreckte.

Auf der letzten, durch Holundergebüsche etwas versteckten Bank lag ausgestreckt ein Mensch. Er lag bäuchlings und hatte das Gesicht auf die Ellbogen und

Hände gelegt. Herr Homburger war im ersten Schreck geneigt, an eine Greueltat zu denken, doch belehrte ihn bald das feste tiefe Atmen des Daliegenden, daß er vor einem Schlafenden stehe. Dieser sah abgerissen aus, und je mehr der Lehrersmann erkannte, daß er es mit einem vermutlich ganz jungen und unkräftigen Bürschlein zu tun habe, desto höher stieg der Mut und die Entrüstung in seiner Seele. Überlegenheit und Mannesstolz erfüllten ihn, als er nach kurzem Zögern entschlossen nähertrat und den Schläfer wachschüttelte.

»Stehen Sie auf, Kerl! Was machen Sie denn hier?«

Das Handwerksbürschlein taumelte erschrocken empor und starrte verständnislos und ängstlich in die Welt. Er sah einen Herrn im Gehrock befehlend vor sich stehen und besann sich eine Weile, was das bedeuten könne, bis ihm einfiel, daß er zu Nacht in einen offenen Garten eingetreten sei und dort genächtigt habe. Er hatte mit Tagesanbruch weiterwollen, nun war er verschlafen und wurde zur Rechenschaft gezogen.

»Können Sie nicht reden, was tun Sie hier?«

»Nur geschlafen hab ich«, seufzte der Angedonnerte und erhob sich vollends. Als er auf den Beinen stand, bestätigte sein schmächtiges Gliedergerüste den unfertig jugendlichen Ausdruck seines fast noch kindlichen Gesichts. Er konnte höchstens achtzehn Jahr alt sein.

»Kommen Sie mit mir!« gebot der Kandidat und nahm den willenlos folgenden Fremdling mit zum Hause hinüber, wo ihm gleich unter der Türe Herr Abderegg begegnete.

»Guten Morgen, Herr Homburger, Sie sind ja früh auf! Aber was bringen Sie da für merkwürdige Gesellschaft?«

»Dieser Bursche hat Ihren Park als Nachtherberge be-

nützt. Ich glaubte Sie davon unterrichten zu müssen.«
Der Hausherr begriff sofort. Er schmunzelte.
»Ich danke Ihnen, lieber Herr. Offen gestanden, ich hätte kaum ein so weiches Herz bei Ihnen vermutet. Aber Sie haben recht, es ist ja klar, daß der arme Kerl zum mindesten einen Kaffee bekommen muß. Vielleicht sagen Sie drinnen dem Fräulein, sie möchte ein Frühstück für ihn herausschicken? Oder warten Sie, wir bringen ihn gleich in die Küche. – Kommen Sie mit, Kleiner, es ist schon was übrig.«
Am Kaffeetisch umgab sich der Mitbegründer einer neuen Kultur mit einer majestätischen Wolke von Ernst und Schweigsamkeit, was den alten Herrn nicht wenig freute. Es kam jedoch zu keiner Neckerei, schon weil die heute erwarteten Gäste alle Gedanken in Anspruch nahmen.
Die Tante hüpfte immer wieder sorgend und lächelnd von einer Gaststube in die andere, die Dienstboten nahmen maßvoll an der Aufregung teil oder grinsten zuschauend, und gegen Mittag setzte sich der Hausherr mit Paul in den Wagen, um zur nahen Bahnstation zu fahren.
Wenn es in Pauls Wesen lag, daß er die Unterbrechungen seines gewohnten stillen Ferienlebens durch Gastbesuche fürchtete, so war es ihm ebenso natürlich, die einmal Angekommenen nach seiner Weise möglichst kennenzulernen, ihr Wesen zu beobachten und sie sich irgendwie zu eigen zu machen. So betrachtete er auf der Heimfahrt im etwas überfüllten Wagen die drei Fremden mit stiller Aufmerksamkeit, zuerst den lebhaft redenden Professor, dann mit einiger Scheu die beiden Mädchen.
Der Professor gefiel ihm, schon weil er wußte, daß er ein Duzfreund seines Vaters war. Im übrigen fand er

ihn ein wenig streng und ältlich, aber nicht zuwider und jedenfalls unsäglich gescheit. Viel schwerer war es, über die Mädchen ins reine zu kommen. Die eine war eben schlechthin ein junges Mädchen, ein Backfisch, jedenfalls ziemlich gleich alt wie er selber. Es würde nur darauf ankommen, ob sie von der spöttischen oder gutmütigen Art war, je nachdem würde es Krieg oder Freundschaft zwischen ihm und ihr geben. Im Grunde waren ja alle jungen Mädchen dieses Alters gleich, und es war mit allen gleich schwer zu reden und auszukommen. Es gefiel ihm, daß sie wenigstens still war und nicht gleich einen Sack voll Fragen auskramte.
Die andere gab ihm mehr zu raten. Sie war, was er freilich nicht zu berechnen verstand, vielleicht drei- oder vierundzwanzig und gehörte zu der Art von Damen, welche Paul zwar sehr gerne sah und von weitem betrachtete, deren näherer Umgang ihn aber scheu machte und meist in Verlegenheiten verwickelte. Er wußte an solchen Wesen die natürliche Schönheit durchaus nicht von der eleganten Haltung und Kleidung zu trennen, fand ihre Gesten und ihre Frisuren meist affektiert und vermutet bei ihnen eine Menge von überlegenen Kenntnissen über Dinge, die ihm tiefe Rätsel waren.
Wenn er genau darüber nachdachte, haßte er diese ganze Gattung. Sie sahen alle schön aus, aber sie hatten auch alle die gleiche demütigende Zierlichkeit und Sicherheit im Benehmen, die gleichen hochmütigen Ansprüche und die gleiche geringschätzende Herablassung gegen Jünglinge seines Alters. Und wenn sie lachten oder lächelten, was sie sehr häufig taten, so sah es oft unleidlich maskenhaft und verlogen aus. Darin waren die Backfische doch viel erträglicher.
Am Gespräch nahm außer den beiden Männern nur Fräulein Thusnelde – das war die ältere, elegante –

teil. Die kleine blonde Berta schwieg ebenso scheu und beharrlich wie Paul, dem sie gegenübersaß. Sie trug einen großen, weich gebogenen, ungefärbten Strohhut mit blauen Bändern und ein blaßblaues, dünnes Sommerkleid mit losem Gürtel und schmalen weißen Säumen. Es schien, als sei sie ganz in den Anblick der sonnigen Felder und heißen Heuwiesen verloren.
Aber zwischenein warf sie häufig einen schnellen Blick auf Paul. Sie wäre noch einmal so gern mit nach Erlenhof gekommen, wenn nur der Junge nicht gewesen wäre. Er sah ja sehr ordentlich aus, aber gescheit, und die Gescheiten waren doch meistens die Widerwärtigsten. Da würde es gelegentlich so heimtückische Fremdwörter geben und auch solche herablassende Fragen, etwa nach dem Namen einer Feldblume, und dann, wenn sie ihn nicht wußte, so ein unverschämtes Lächeln, und so weiter. Sie kannte das von ihren zwei Vettern, von denen einer Student und der andere Gymnasiast war, und der Gymnasiast war eher der schlimmere, einmal bubenhaft ungezogen und ein andermal von jener unausstehlich höhnischen Kavalierhöflichkeit, vor der sie so Angst hatte.
Eins wenigstens hatte Berta gelernt, und sie hatte beschlossen, sich auch jetzt auf alle Fälle daran zu halten: Weinen durfte sie nicht, unter keinen Umständen. Nicht weinen und nicht zornig werden, sonst war sie unterlegen. Und das wollte sie hier um keinen Preis. Es fiel ihr tröstlich ein, daß für alle Fälle auch noch eine Tante da sein würde; an die wollte sie sich dann um Schutz wenden, falls es nötig werden sollte.
»Paul, bist du stumm?« rief Herr Abderegg plötzlich.
»Nein, Papa. Warum?«
»Weil du vergißt, daß du nicht allein im Wagen sitzest. Du könntest dich der Berta schon etwas freundlicher zeigen.«

Paul seufzte unhörbar. Also nun fing es an.

»Sehen Sie, Fräulein Berta, dort hinten ist dann unser Haus.«

»Aber Kinder, ihr werdet doch nicht Sie zueinander sagen!«

»Ich weiß nicht, Papa – ich glaube doch.«

»Na, dann weiter! Ist aber recht überflüssig.«

Berta war rot geworden, und kaum sah es Paul, so ging es ihm nicht anders. Die Unterhaltung zwischen ihnen war schon wieder zu Ende, und beide waren froh, daß die Alten es nicht merkten. Es wurde ihnen unbehaglich, und sie atmeten auf, als der Wagen mit plötzlichem Krachen auf den Kiesweg einbog und am Hause vorfuhr.

»Bitte, Fräulein«, sagte Paul und half Berta beim Aussteigen. Damit war er der Sorge um sie fürs erste entledigt, denn im Tor stand schon die Tante, und es schien, als lächle das ganze Haus, öffne sich und fordere zum Eintritt auf, so gastlich froh und herzlich nickte sie und streckte die Hand entgegen und empfing eins um das andere und dann jedes noch ein zweites Mal. Die Gäste wurden in ihre Stuben begleitet und gebeten, recht bald und recht hungrig zu Tische zu kommen.

Auf der weißen Tafel standen zwei große Blumensträuße und dufteten in die Speisengerüche hinein. Herr Abderegg tranchierte den Braten, die Tante visierte scharfäugig Teller und Schüsseln. Der Professor saß wohlgemut und festlich im Gehrock am Ehrenplatz, warf der Tante sanfte Blicke zu und störte den eifrig arbeitenden Hausherrn durch zahllose Fragen und Witze. Fräulein Thusnelde half zierlich und lächelnd beim Herumbieten der Teller und kam sich zuwenig beschäftigt vor, da ihr Nachbar, der Kandidat, zwar wenig aß, aber noch weniger redete. Die Gegenwart eines altmodischen Professors und zweier junger Damen wirkte versteinernd auf ihn. Er war im Angstgefühl seiner jungen Würde beständig auf irgendwelche Angriffe, ja Beleidigungen gefaßt, welche er zum voraus durch eiskalte Blicke und angestrengtes Schweigen abzuwehren bemüht war.

Berta saß neben der Tante und fühlte sich geborgen. Paul widmete sich mit Anstrengung dem Essen, um nicht in Gespräche verwickelt zu werden, vergaß sich darüber und ließ es sich wirklich besser schmecken als alle anderen.

Gegen das Ende der Mahlzeit hatte der Hausherr nach hitzigem Kampfe mit seinem Freunde das Wort an sich gerissen und ließ es sich nicht wieder nehmen. Der besiegte Professor fand nun erst Zeit zum Essen und holte maßvoll nach. Herr Homburger merkte endlich, daß niemand Angriffe auf ihn plane, sah aber nun zu spät, daß sein Schweigen unfein gewesen war, und glaubte sich von seiner Nachbarin höhnisch betrachtet zu wissen. Er senkte deshalb den Kopf so weit, daß eine leichte Falte unterm Kinn entstand, zog die Augenbrauen hoch und schien Probleme im Kopf zu wälzen.

Fräulein Thusnelde begann, da der Hauslehrer versagte, ein sehr zärtliches Geplauder mit Berta, an welchem die Tante sich beteiligte.

Paul hatte sich inzwischen vollgegessen und legte, indem er sich plötzlich übersatt fühlte, Messer und Gabel nieder. Aufschauend erblickte er zufällig gerade den Professor in einem komischen Augenblick: Er hatte eben einen stattlichen Bissen zwischen den Zähnen und noch nicht von der Gabel los, als ihn gerade ein Kraftwort in der Rede Abdereggs aufzumerken nötigte. So vergaß er für Augenblicke die Gabel zurückzuziehen und schielte großäugig und mit offenem Munde auf seinen sprechenden Freund hinüber. Da brach Paul, der einem plötzlichen Lachreiz nicht widerstehen konnte, in ein mühsam gedämpftes Kichern aus.

Herr Abderegg fand im Drang der Rede nur Zeit zu einem eiligen Zornblick. Der Kandidat bezog das Lachen auf sich und biß auf die Unterlippe. Berta lachte mitgerissen ohne weiteren Grund plötzlich auch. Sie war so froh, daß Paul diese Jungenhaftigkeit passierte. Er war also wenigstens keiner von den Tadellosen.

»Was freut Sie denn so?« fragte Fräulein Thusnelde.

»Oh, eigentlich gar nichts.«

»Und dich, Berta?«

»Auch nichts. Ich lache nur so mit.«

»Darf ich Ihnen noch einschenken?« fragte Herr Homburger mit gepreßtem Ton.

»Danke, nein.«

»Aber mir, bitte«, sagte die Tante freundlich, ließ jedoch den Wein alsdann ungetrunken stehen.

Man hatte abgetragen, und es wurden Kaffee, Kognak und Zigarren gebracht.

Paul wurde von Fräulein Thusnelde gefragt, ob er auch rauche.

»Nein«, sagte er, »es schmeckt mir gar nicht.«

Dann fügte er, nach einer Pause, plötzlich ehrlich hinzu: »Ich darf auch noch nicht.«

Als er das sagte, lächelte Fräulein Thusnelde ihm schelmisch zu, wobei sie den Kopf etwas auf die Seite neigte. In diesem Augenblick erschien sie dem Knaben scharmant, und er bereute den vorher auf sie geworfenen Haß.

Sie konnte doch sehr nett sein.

Der Abend war so warm und einladend, daß man noch um elf Uhr unter den leise flackernden Windlichtern im Garten draußen saß. Und daß die Gäste sich von der Reise müde gefühlt hatten und eigentlich früh zu Bett hatten gehen wollen, daran dachte jetzt niemand mehr.

Die warme Luft wogte in leichter Schwüle ungleich und träumend hin und wider, der Himmel war ganz in der Höhe sternklar und feuchtglänzend, gegen die Berge hin tiefschwarz und goldig vom fiebernden Geäder des Wetterleuchtens überspannt. Die Gebüsche dufteten süß und schwer, und der weiße Jasmin schimmerte mit unsicheren Lichtern fahl aus der Finsternis.

»Sie glauben also, diese Reform unserer Kultur werde nicht aus dem Volksbewußtsein kommen, sondern von einem oder einigen genialen Einzelnen?«

Der Professor legte eine gewisse Nachsicht in den Ton seiner Frage.

»Ich denke es mir so –«, erwiderte etwas steif der Hauslehrer und begann eine lange Rede, welcher außer dem Professor niemand zuhörte.

Herr Abderegg scherzte mit der kleinen Berta, welcher die Tante Beistand leistete. Er lag voll Behagen im Stuhl zurück und trank Weißwein mit Sauerwasser.

»Sie haben den ›Ekkehard‹ auch gelesen?« fragte Paul das Fräulein Thusnelde.

Sie lag in einem sehr niedriggestellten Klappstuhl, hatte den Kopf ganz zurückgelegt und sah geradeaus in die Höhe.

»Jawohl«, sagte sie. »Eigentlich sollte man Ihnen solche Bücher noch verbieten.«

»So? Warum denn?«

»Weil Sie ja doch nicht alles verstehen können.«

»Glauben Sie?«

»Natürlich.«

»Es gibt aber Stellen darin, die ich vielleicht besser als Sie verstanden habe.«

»Wirklich? Welche denn?«

»Die lateinischen.«

»Was Sie für Witze machen!«

Paul war sehr munter. Er hatte zu Abend etwas Wein zu trinken bekommen, nun fand er es köstlich, in die weiche, dunkle Nacht hineinzureden, und wartete neugierig, ob es ihm gelänge, die elegante Dame ein wenig aus ihrer trägen Ruhe zu bringen, zu einem heftigeren Widerspruch oder zu einem Gelächter. Aber sie schaute nicht zu ihm herüber. Sie lag unbeweglich, das Gesicht nach oben, eine Hand auf dem Stuhl, die andre bis zur Erde herabhängend. Ihr weißer Hals und ihr weißes Gesicht hoben sich matt schimmernd von den schwarzen Bäumen ab.

»Was hat Ihnen denn im ›Ekkehard‹ am besten gefallen?« fragte sie jetzt, wieder ohne ihn anzusehen.

»Der Rausch des Herrn Spazzo.«

»Ach?«

»Nein, wie die alte Waldfrau vertrieben wird.«

»So?«

»Oder eigentlich hat mir doch das am besten gefallen, wie die Praxedis ihn aus dem Kerker entwischen läßt. Das ist fein.«

»Ja, das ist fein. Wie war es nur?«

»Wie sie nachher Asche hinschüttet —«

»Ach ja. Ja, ich weiß.«

»Aber jetzt müssen Sie mir auch sagen, was Ihnen am besten gefällt.«

»Im ›Ekkehard‹?«

»Ja, natürlich.«

»Dieselbe Stelle. Wo Praxedis dem Mönch davonhilft. Wie sie ihm da noch einen Kuß mitgibt und dann lächelt und ins Schloß zurückgeht.«

»Ja — ja«, sagte Paul langsam, aber er konnte sich des Kusses nicht erinnern.

Des Professors Gespräch mit dem Hauslehrer war zu Ende gegangen. Herr Abderegg steckte sich eine Virginia an, und Berta sah neugierig zu, wie er die Spitze der langen Zigarre über der Kerzenflamme verkohlen ließ. Das Mädchen hielt die neben ihr sitzende Tante mit dem rechten Arm umschlungen und hörte großäugig den fabelhaften Erlebnissen zu, von denen der alte Herr ihr erzählte. Es war von Reiseabenteuern, namentlich in Neapel, die Rede.

»Ist das wirklich wahr?« wagte sie einmal zu fragen.

Herr Abderegg lachte.

»Das kommt allein auf Sie an, kleines Fräulein. Wahr ist an einer Geschichte immer nur das, was der Zuhörer glaubt.«

»Aber nein?! Da muß ich Papa darüber fragen.«

»Tun Sie das!«

Die Tante streichelte Bertas Hand, die ihre Taille umfing.

»Es ist ja Scherz, Kind.«

Sie hörte dem Geplauder zu, wehrte die taumelnden Nachtmotten von ihres Bruders Weinglas ab und gab jedem, der sie etwa anschaute, einen gütigen Blick zurück. Sie hatte ihre Freude an den alten Herren, an Berta und dem lebhaft schwatzenden Paul, an der schönen Thusnelde, die aus der Gesellschaft heraus in die Nachtbläue schaute, am Hauslehrer, der seine klugen Reden nachgenoß. Sie war noch jung genug und hatte nicht vergessen, wie es der Jugend in solchen Gartensommernächten warm und wohl sein kann. Wieviel Schicksal noch auf diese schönen Jungen und klugen Alten wartete! Auch auf den Hauslehrer. Wie jedem sein Leben und seine Gedanken und Wünsche so wichtig waren! Und wie schön Fräulein Thusnelde aussah! Eine wirkliche Schönheit.

Die gütige Dame streichelte Bertas rechte Hand,

lächelte dem etwas vereinsamten Kandidaten liebreich zu und fühlte von Zeit zu Zeit hinter den Stuhl des Hausherrn, ob auch seine Weinflasche noch im Eise stehe.

»Erzählen Sie mir etwas aus Ihrer Schule!« sagte Thusnelde zu Paul.

»Ach, die Schule! Jetzt sind doch Ferien.«

»Gehen Sie denn nicht gern ins Gymnasium?«

»Kennen Sie jemand, der gern hineingeht?«

»Sie wollen aber doch studieren?«

»Nun ja. Ich will schon.«

»Aber was möchten Sie noch lieber?«

»Noch lieber? – Haha –. Noch lieber möcht ich Seeräuber werden.«

»Seeräuber?«

»Jawohl, Seeräuber. Pirat.«

»Dann könnten Sie aber nimmer soviel lesen.«

»Das wäre auch nicht nötig. Ich würde mir schon die Zeit vertreiben.«

»Glauben Sie?«

»O gewiß. Ich würde –«

»Nun?«

»Ich würde –, ach, das kann man gar nicht sagen.«

»Dann sagen Sie es eben nicht.«

Es wurde ihm langweilig. Er rückte zu Berta hinüber und half ihr zuhören. Papa war ungemein lustig. Er sprach jetzt ganz allein, und alles hörte zu und lachte.

Da stand Fräulein Thusnelde in ihrem losen, feinen englischen Kleide langsam auf und trat an den Tisch.

»Ich möchte gute Nacht sagen.«

Nun brachen alle auf, sahen auf die Uhr und konnten nicht begreifen, daß es wirklich schon Mitternacht sei.

Auf dem kurzen Weg bis zum Haus ging Paul neben Berta, die ihm plötzlich sehr gut gefiel, namentlich seit er sie über Papas Witze so herzlich hatte lachen hören.

Er war ein Esel gewesen, sich über den Besuch zu ärgern. Es war doch fein, so des Abends mit Mädchen zu plaudern.
Er fühlte sich als Kavalier und begann zu bedauern, daß er sich den ganzen Abend nur um die andere gekümmert hatte. Die war doch wohl ein Fratz. Berta war ihm viel lieber, und es tat ihm leid, daß er sich heute nicht zu ihr gehalten hatte. Und er versuchte ihr das zu sagen. Sie kicherte.
»Oh, Ihr Papa war so unterhaltend! Es war reizend.«
Er schlug ihr für morgen einen Spaziergang auf den Eichelberg vor. Es sei nicht weit und so schön. Er kam ins Beschreiben, sprach vom Weg und von der Aussicht und redete sich ganz in Feuer.
Da ging gerade Fräulein Thusnelde an ihnen vorüber, während er im eifrigsten Reden war. Sie wandte sich ein wenig um und sah ihm ins Gesicht. Es geschah ruhig und etwas neugierig, aber er fand es spöttisch und verstummte plötzlich. Berta blickte erstaunt auf und sah ihn verdrießlich werden, ohne zu wissen warum.
Da war man schon im Hause. Berta gab Paul die Hand. Er sagte gute Nacht. Sie nickte und ging.
Thusnelde war vorausgegangen, ohne ihm gute Nacht zu sagen. Er sah sie mit einer Handlampe die Treppe hinaufgehen, und indem er ihr nachschaute, ärgerte er sich über sie.

Paul lag wach im Bette und verfiel dem feinen Fieber der warmen Nacht. Die Schwüle war im Zunehmen, das Wetterleuchten zitterte beständig an den Wänden. Zuweilen glaubte er es in weiter Ferne leise donnern zu hören. In langen Pausen kam und ging ein schlaffer Wind, der kaum die Wipfel rauschen machte.
Der Knabe überdachte halb träumend den vergange-

nen Abend und fühlte, daß er heute anders gewesen sei als sonst. Er kam sich erwachsener vor, vielmehr schien ihm die Rolle des Erwachsenen heute besser geglückt als bei früheren Versuchen. Mit dem Fräulein hatte er sich doch ganz flott unterhalten und nachher auch mit Berta.

Es quälte ihn, ob Thusnelde ihn ernstgenommen habe. Vielleicht hatte sie eben doch nur mit ihm gespielt. Und das mit dem Kuß der Praxedis mußte er morgen nachlesen. Ob er das wirklich nicht verstanden oder nur vergessen hatte?

Er hätte gern gewußt, ob Fräulein Thusnelde wirklich schön sei, richtig schön. Es schien ihm so, aber er traute weder sich noch ihr. Wie sie da beim schwachen Lampenlicht im Stuhl halb saß und halb lag, so schlank und ruhig, mit der auf den Boden niederhängenden Hand, das hatte ihm gefallen. Wie sie lässig nach oben schaute, halb vergnügt und halb müde, und der weiße schlanke Hals — im hellen, langen Damenkleid —, das könnte geradeso auf einem Gemälde vorkommen.

Freilich, Berta war ihm entschieden lieber. Sie war ja vielleicht ein wenig sehr naiv, aber sanft und hübsch, und man konnte doch mit ihr reden ohne den Argwohn, sie mache sich heimlich über einen lustig. Wenn er es von Anfang an mit ihr gehalten hätte, statt erst im letzten Augenblick, dann könnten sie möglicherweise jetzt schon ganz gute Freunde sein. Überhaupt begann es ihm jetzt leid zu tun, daß die Gäste nur zwei Tage bleiben wollten.

Aber warum hatte ihn, als er beim Heimgehen mit der Berta lachte, die andere so angesehen?

Er sah sie wieder an sich vorbeigehen und den Kopf umwenden, und er sah wieder ihren Blick. Sie war doch schön. Er stellte sich alles wieder deutlich vor, aber er kam nicht darüber hinweg — ihr Blick war spöt-

tisch gewesen, überlegen spöttisch. Warum? Noch wegen des ›Ekkehard‹? Oder weil er mit der Berta gelacht hatte?
Der Ärger darüber folgte ihm noch in den Schlaf.

Am Morgen war der ganze Himmel bedeckt, doch hatte es noch nicht geregnet. Es roch überall nach Heu und nach warmem Erdstaub.
»Schade«, klagte Berta beim Herunterkommen, »man wird heute keinen Spaziergang machen können?«
»Oh, es kann sich noch den ganzen Tag halten«, tröstete Herr Abderegg.
»Du bist doch sonst nicht so eifrig fürs Spazierengehen«, meinte Fräulein Thusnelde.
»Aber wenn wir doch nur so kurz hier sind!«
»Wir haben eine Luftkegelbahn«, schlug Paul vor. »Im Garten. Auch ein Krocket. Aber Krocket ist langweilig.«
»Dann können wir ja spielen.«
»Gut, nachher. Wir müssen doch erst Kaffee trinken.«
Nach dem Frühstück gingen die jungen Leute in den Garten; auch der Kandidat schloß sich an. Fürs Krokketspielen fand man das Gras zu hoch, und man entschloß sich nun doch zu dem andern Spiel. Paul schleppte eifrig die Kegel herbei und stellte auf.
»Wer fängt an?«
»Immer der, der fragt.«
»Also gut. Wer spielt mit?«
Paul bildete mit Thusnelde die eine Partei. Er spielte sehr gut und hoffte, von ihr dafür gelobt oder auch nur geneckt zu werden. Sie sah es aber gar nicht und schenkte überhaupt dem Spiel keine Aufmerksamkeit. Wenn Paul ihr die Kugel gab, schob sie unachtsam und zählte nicht einmal, wieviel Kegel fielen. Statt dessen

unterhielt sie sich mit dem Hauslehrer über Turgenjeff. Herr Homburger war heute sehr höflich. Nur Berta schien ganz beim Spiel zu sein. Sie half stets beim Aufsetzen und ließ sich von Paul das Zielen zeigen.
»König aus der Mitte!« schrie Paul. »Fräulein, nun gewinnen wir sicher. Das gibt zwölf.«
Sie nickte nur.
»Eigentlich ist Turgenjeff gar kein richtiger Russe«, sagte der Kandidat und vergaß, daß es an ihm war zu spielen. Paul wurde zornig.
»Herr Homburger, Sie sind dran!«
»Ich?«
»Ja doch, wir warten alle.«
Er hätte ihm am liebsten die Kugel ans Schienbein geschleudert. Berta, die seine Verstimmung bemerkte, wurde nun auch unruhig und traf nichts mehr.
»Dann können wir ja aufhören.«
Niemand hatte etwas dagegen. Fräulein Thusnelde ging langsam weg, der Lehrer folgte ihr. Paul warf verdrießlich die noch stehenden Kegel mit dem Fuße um.
»Sollen wir nicht weiterspielen?« fragte Berta schüchtern.
»Ach, zu zweien ist es nichts. Ich will aufräumen.«
Sie half ihm bescheiden. Als alle Kegel wieder in der Kiste waren, sah er sich nach Thusnelde um. Sie war im Park verschwunden. Natürlich, er war ja für sie nur ein dummer Junge.
»Was nun?«
»Vielleicht zeigen Sie mir den Park ein wenig?«
Da schritt er so rasch durch die Wege voran, daß Berta außer Atem kam und fast laufen mußte, um nachzukommen. Er zeigte ihr das Wäldchen und die Platanenallee, dann die Blutbuche und die Wiesen. Während er sich beinahe ein wenig schämte, so grob und

wortkarg zu sein, wunderte er sich zugleich, daß er sich vor Berta gar nimmer geniere. Er ging mit ihr um, wie wenn sie zwei Jahre jünger wäre. Und sie war still, sanft und schüchtern, sagte kaum ein Wort und sah ihn nur zuweilen an, als bäte sie für irgend etwas um Entschuldigung.

Bei der Trauerweide trafen sie mit den beiden andern zusammen. Der Kandidat redete noch fort, das Fräulein war still geworden und schien verstimmt. Paul wurde plötzlich gesprächiger. Er machte auf den alten Baum aufmerksam, schlug die herabhängenden Zweige auseinander und zeigte die um den Stamm laufende Rundbank.

»Wir wollen sitzen«, befahl Fräulein Thusnelde.

Alle setzten sich nebeneinander auf die Bank. Es war hier sehr warm und dunstig, die grüne Dämmerung war schlaff und schwül und machte schläfrig. Paul saß rechts neben Thusnelde.

»Wie still es da ist!« begann Herr Homburger.

Das Fräulein nickte.

»Und so heiß!« sagte sie. »Wir wollen eine Weile gar nichts reden.«

Da saßen alle vier schweigend. Neben Paul lag auf der Bank Thusneldes Hand, eine lange und schmale Damenhand mit schlanken Fingern und feinen, gepflegten, mattglänzenden Nägeln. Paul sah beständig die Hand an. Sie kam aus einem weiten hellgrauen Ärmel hervor, so weiß wie der bis übers Gelenk sichtbare Arm, sie bog sich vom Gelenk etwas nach außen und lag ganz still, als sei sie müde.

Und alle schwiegen. Paul dachte an gestern abend. Da war dieselbe Hand auch so lang und still und ruhend herabgehängt und die ganze Gestalt so regungslos halb gesessen, halb gelegen. Es paßte zu ihr, zu ihrer Figur und zu ihren Kleidern, zu ihrer angenehm wei-

chen, nicht ganz freien Stimme, auch zu ihrem Gesicht, das mit den ruhigen Augen so klug und abwartend und gelassen aussah.
Herr Homburger sah auf die Uhr.
»Verzeihen Sie, meine Damen, ich sollte nun an die Arbeit. Sie bleiben doch hier, Paul?«
Er verbeugte sich und ging.
Die andern blieben schweigend sitzen. Paul hatte seine Linke langsam und mit ängstlicher Vorsicht wie ein Verbrecher der Frauenhand genähert und dann dicht neben ihr liegen lassen. Er wußte nicht, warum er es tat. Es geschah ohne seinen Willen, und dabei wurde ihm so drückend bang und heiß, daß seine Stirne voll von Tropfen stand.
»Krocket spiele ich auch nicht gerne«, sagte Berta leise, wie aus einem Traum heraus. Durch das Weggehen des Hauslehrers war zwischen ihr und Paul eine Lücke entstanden, und sie hatte sich die ganze Zeit besonnen, ob sie herrücken solle oder nicht. Es war ihr, je länger sie zauderte, immer schwerer vorgekommen, es zu tun, und nun fing sie, nur um sich nicht länger allein zu fühlen, zu reden an.
»Es ist wirklich kein nettes Spiel«, fügte sie nach einer langen Pause mit unsicherer Stimme hinzu. Doch antwortete niemand.
Es war wieder ganz still. Paul glaubte sein Herz schlagen zu hören. Es trieb ihn, aufzuspringen und irgend etwas Lustiges oder Dummes zu sagen oder wegzulaufen. Aber er blieb sitzen, ließ seine Hand liegen und hatte ein Gefühl, als würde ihm langsam die Luft entzogen, bis zum Ersticken. Nur war es angenehm, auf eine traurige, quälende Art angenehm.
Fräulein Thusnelde blickte in Pauls Gesicht, mit ihrem ruhigen und etwas müden Blick. Sie sah, daß er unverwandt auf seine Linke schaute, die dicht neben ihrer

Rechten auf der Bank lag. Da hob sie ihre Rechte ein wenig, legte sie fest auf Pauls Hand und ließ sie da liegen.

Ihre Hand war weich, doch kräftig und von trockener Wärme. Paul erschrak wie ein überraschter Dieb und fing zu zittern an, zog aber seine Hand nicht weg. Er konnte kaum noch atmen, so stark arbeitete sein Herzschlag, und sein ganzer Leib brannte und fror zugleich. Langsam wurde er blaß und sah das Fräulein flehend und angstvoll an.

»Sind Sie erschrocken?« lachte sie leise. »Ich glaube, Sie waren eingeschlafen?«

Er konnte nichts sagen. Sie hatte ihre Hand weggenommen, aber seine lag noch da und fühlte die Berührung noch immer. Er wünschte sie wegzuziehen, aber er war so matt und verwirrt, daß er keinen Gedanken oder Entschluß fassen und nichts tun konnte.

Plötzlich erschreckte ihn ein ersticktes, ängstliches Geräusch, das er hinter sich vernahm. Er wurde frei und sprang tiefatmend auf. Auch Thusnelde war aufgestanden.

Da saß Berta tiefgebückt an ihrem Platz und schluchzte.

»Gehen Sie hinein«, sagte Thusnelde zu Paul, »wir kommen gleich nach.« Und als Paul wegging, setzte sie noch hinzu: »Sie hat Kopfweh bekommen.«

»Komm, Berta. Es ist zu heiß hier, man erstickt ja vor Schwüle. Komm, nimm dich zusammen! Wir wollen ins Haus gehen.«

Berta gab keine Antwort. Ihr magerer Hals lag auf dem hellblauen Ärmel des leichten Backfischkleides, aus dem der dünne, eckige Arm mit dem breiten Handgelenk herabhing. Und sie weinte still und leise schluchzend, bis sie nach einer langen Weile rot und verwundert sich aufrichtete, das Haar zurückstrich und langsam und mechanisch zu lächeln begann.

Paul fand keine Ruhe. Warum hatte Thusnelde ihre Hand so auf seine gelegt? War es nur ein Scherz gewesen? Oder wußte sie, wie seltsam weh das tat? So oft er es sich wieder vorstellte, hatte er von neuem dasselbe Gefühl: ein erstickender Krampf vieler Nerven oder Adern, ein Druck und leichter Schwindel im Kopf, eine Hitze in der Kehle und ein lähmend ungleiches, wunderliches Wallen des Herzens, als sei der Puls unterbunden. Aber es war angenehm, so weh es tat.

Er lief am Hause vorbei zum Weiher und in den Obstgängen auf und ab. Indessen nahm die Schwüle stetig zu. Der Himmel hatte sich vollends ganz bezogen und sah gewitterig aus. Es ging kein Wind, nur hin und wieder im Gezweig ein feiner, zager Schauer, vor dem auch der fahle, glatte Spiegel des Weihers für Augenblicke kraus und silbern erzitterte.

Der kleine alte Kahn, der angebunden am Rasenufer lag, fiel dem Jungen ins Auge. Er stieg hinein und setzte sich auf die einzige noch vorhandene Ruderbank. Doch band er das Schifflein nicht los: es waren auch schon längst keine Ruder mehr da. Er tauchte die Hände ins Wasser, das war widerlich lau.

Unvermerkt überkam ihn eine grundlose Traurigkeit, die ihm ganz fremd war. Er kam sich wie in einem beklemmenden Traume vor – als könnte er, wenn er auch wollte, kein Glied rühren. Das fahle Licht, der dunkel bewölkte Himmel, der laue dunstige Teich und der alte, am Boden moosige Holznachen ohne Ruder, das sah alles unfroh, trist und elend aus, einer schweren, faden Trostlosigkeit hingegeben, die er ohne Grund teilte.

Er hörte Klavierspiel vom Hause herübertönen, undeutlich und leise. Nun waren also die andern drinnen, und wahrscheinlich spielte Papa ihnen vor. Bald erkannte Paul auch das Stück, es war aus Griegs Musik zum ›Peer Gynt‹, und er wäre gern hineingegangen. Aber er blieb sitzen, starrte über das träge Wasser weg und durch die müden, regungslosen Obstzweige in den fahlen Himmel. Er konnte sich nicht einmal wie sonst auf das Gewitter freuen, obwohl es sicher bald ausbrechen mußte und das erste richtige in diesem Sommer sein würde.

Da hörte das Klavierspiel auf, und es war eine Weile ganz still. Bis ein paar zarte, wiegend laue Takte aufklangen, eine scheue und ungewöhnliche Musik. Und nun Gesang, eine Frauenstimme. Das Lied war Paul unbekannt, er hatte es nie gehört, er besann sich auch nicht darüber. Aber die Stimme kannte er, die leicht gedämpfte, ein wenig müde Stimme. Das war Thusnelde. Ihr Gesang war vielleicht nichts Besonderes, aber er traf und reizte den Knaben ebenso beklemmend und quälend wie die Berührung ihrer Hand. Er horchte, ohne sich zu rühren, und während er noch saß und horchte, schlugen die ersten trägen Regentropfen lau und schwer in den Weiher. Sie trafen seine Hände und sein Gesicht, ohne daß er es spürte. Er fühlte nur, daß etwas Drängendes, Gärendes, Gespanntes um ihn her oder auch in ihm selber sich verdichte und schwelle und Auswege suche. Zugleich fiel ihm eine Stelle aus dem ›Ekkehard‹ ein, und in diesem Augenblick überraschte und erschreckte ihn plötzlich die sichere Erkenntnis. Er wußte, daß er Thusnelde lieb habe. Und zugleich wußte er, daß sie erwachsen und eine Dame war, er aber ein Schuljunge, und daß sie morgen abreisen würde.

Da klang – der Gesang war schon eine Weile verstummt – die helltönige Tischglocke, und Paul ging langsam zum Hause hinüber. Vor der Türe wischte er sich die Regentropfen von den Händen, strich das Haar zurück und tat einen tiefen Atemzug, als sei er im Begriff, einen schweren Schritt zu tun.

»Ach, nun regnet es doch schon«, klagte Berta. »Nun wird also nichts daraus?«
»Aus was denn?« fragte Paul, ohne vom Teller aufzublicken.
»Wir hatten ja doch — — Sie hatten mir versprochen, mich heut auf den Eichelberg zu führen.«
»Ja so. Nein, das geht bei dem Wetter freilich nicht.«
Halb sehnte sie sich danach, er möchte sie ansehen und eine Frage nach ihrem Wohlsein tun, halb war sie froh, daß er's nicht tat. Er hatte den peinlichen Augenblick unter der Weide, da sie in Tränen ausgebrochen war, völlig vergessen. Dieser plötzliche Ausbruch hatte ihm ohnehin wenig Eindruck gemacht und ihn nur in dem Glauben bestärkt, sie sei doch noch ein recht kleines Mädchen. Statt auf sie zu achten, schielte er beständig zu Fräulein Thusnelde hinüber.
Diese führte mit dem Hauslehrer, der sich seiner albernen Rolle von gestern schämte, ein lebhaftes Gespräch über Sportsachen. Es ging Herrn Homburger dabei wie vielen Leuten; er sprach über Dinge, von denen er nichts verstand, viel gefälliger und glatter als über solche, die ihm vertraut und wichtig waren. Meistens hatte die Dame das Wort, und er begnügte sich mit Fragen, Nicken, Zustimmen und pausenfüllenden Redensarten. Die etwas kokette Plauderkunst der jungen Dame enthob ihn seiner gewohnten dickblütigen Art; es gelang ihm sogar, als er beim Weineinschenken daneben goß, selber zu lachen und die Sache leicht und komisch zu nehmen. Seine mit Schlauheit eingefädelte Bitte jedoch, dem Fräulein nach Tisch ein Kapitel aus einem seiner Lieblingsbücher vorlesen zu dürfen, wurde zierlich abgelehnt.
»Du hast kein Kopfweh mehr, Kind?« fragte Tante Grete.

»O nein, gar nimmer«, sagte Berta halblaut. Aber sie sah noch elend genug aus.

»O ihr Kinder!« dachte die Tante, der auch Pauls erregte Unsicherheit nicht entgangen war. Sie hatte mancherlei Ahnungen und beschloß, die zwei jungen Leutchen nicht unnötig zu stören, wohl aber aufmerksam zu sein und Dummheiten zu verhüten. Bei Paul war es das erstemal, dessen war sie sicher. Wie lang noch, und er würde ihrer Fürsorge entwachsen sein und seine Wege ihrem Blick entziehen! – O ihr Kinder!

Draußen war es beinahe finster geworden. Der Regen rann und ließ nach mit den wechselnden Windstößen, das Gewitter zögerte noch, und der Donner klang noch meilenfern.

»Haben Sie Furcht vor Gewittern?« fragte Herr Homburger seine Dame.

»Im Gegenteil, ich weiß nichts Schöneres. Wir könnten nachher in den Pavillon gehen und zusehen. Kommst du mit, Berta?«

»Wenn du willst, ja, gern.«

»Und Sie also auch, Herr Kandidat? – Gut, ich freue mich darauf. Es ist in diesem Jahr das erste Gewitter, nicht?«

Gleich nach Tisch brachen sie mit Regenschirmen auf, zum nahen Pavillon. Berta nahm ein Buch mit.

»Willst du dich denen nicht anschließen, Paul?« ermunterte die Tante.

»Danke, nein. Ich muß eigentlich üben.«

Er ging in einem Wirrwarr von quellenden Gefühlen ins Klavierzimmer. Aber kaum hatte er zu spielen begonnen, er wußte selbst nicht was, so kam sein Vater herein.

»Junge, könntest du dich nicht um einige Zimmer weiter verfügen? Brav, daß du üben wolltest, aber alles hat seine Zeit, und wir älteren Semester möchten bei dieser Schwüle doch gern ein wenig zu schlafen versuchen. Auf Wiedersehen, Bub!«

Der Knabe ging hinaus und durchs Eßzimmer, über den Gang und zum Tor. Drüben sah er gerade die andern den Pavillon betreten. Als er hinter sich den leisen Schritt der Tante hörte, trat er rasch ins Freie und eilte mit unbedecktem Kopf, die Hände in den Taschen, durch den Regen davon. Der Donner nahm stetig zu, und erste scheue Blitze rissen zuckend durch das schwärzliche Grau.

Paul ging um das Haus herum und gegen den Weiher hin. Er fühlte mit trotzigem Leid den Regen durch seine Kleider dringen. Die noch nicht erfrischte, schwebende Luft erhitzte ihn, so daß er beide Hände und die halbentblößten Arme in die schwerfallenden Tropfen hielt. Nun saßen die andern vergnügt im Pavillon beisammen, lachten und schwatzten, und an ihn dachte niemand. Es zog ihn hinüber, doch überwog sein Trotz; hatte er einmal nicht mitkommen wollen, so wollte er ihnen auch nicht hinterdrein nachlaufen. Und Thusnelde hatte ihn ja überhaupt nicht aufgefordert. Sie hatte Berta und Herrn Homburger mitkommen heißen und ihn nicht. Warum ihn nicht?

Ganz durchnäßt kam er, ohne auf den Weg zu achten, ans Gärtnerhäuschen. Die Blitze jagten jetzt fast ohne Pause herab oder quer durch den Himmel in phantastisch kühnen Linien, und der Regen rauschte lauter. Unter der Holztreppe des Gärtnerschuppens klirrte es auf, und mit verhaltenem Grollen kam der große Hofhund heraus. Als er Paul erkannte, drängte er sich fröhlich und schmeichelnd an ihn. Und Paul, in plötzlich aufwallender Zärtlichkeit, legte ihm den Arm um den Hals, zog ihn in den dämmernden Treppenwinkel zurück und blieb dort bei ihm kauern und sprach und koste mit ihm, er wußte nicht wie lang.

Im Pavillon hatte Herr Homburger den eisernen Gartentisch an die gemauerte Rückwand geschoben, die mit einer italienischen Küstenlandschaft bemalt war. Die heiteren Farben, Blau, Weiß und Rosa, paßten schlecht in das Regengrau und schienen trotz der Schwüle zu frieren.

»Sie haben schlechtes Wetter für Erlenhof«, sagte Herr Homburger.

»Warum? Ich finde das Gewitter prächtig.«

»Und Sie auch, Fräulein Berta?«

»Oh, ich sehe es ganz gerne.«

Es machte ihn wütend, daß die Kleine mitgekommen war. Gerade jetzt, wo er anfing, sich mit der schönen Thusnelde besser zu verstehen.

»Und morgen werden Sie wirklich schon wieder reisen?«

»Warum sagen Sie das so tragisch?«

»Es muß mir doch leid tun.«

»Wahrhaftig?«

»Aber gnädiges Fräulein —«

Der Regen prasselte auf dem dünnen Dach und quoll in leidenschaftlichen Stößen aus den Mündungen der Traufen.

»Wissen Sie, Herr Kandidat, Sie haben da einen lieben Jungen zum Schüler. Es muß ein Vergnügen sein, so einen zu unterrichten.«

»Ist das Ihr Ernst?«

»Aber gewiß. Er ist doch ein prächtiger Junge. — Nicht, Berta?«

»Oh, ich weiß nicht, ich sah ihn ja kaum.«

»Gefällt er dir denn nicht?«

»Ja, das schon. — O ja.«

»Was stellt das Wandbild da eigentlich vor, Herr Kandidat? Es scheint eine Rivieravedute?«

Paul war nach zwei Stunden ganz durchnäßt und todmüde heimgekommen, hatte ein kaltes Bad genommen und sich umgekleidet. Dann wartete er, bis die drei ins Haus zurückkehrten, und als sie kamen und als Thusneldes Stimme im Gang laut wurde, schrak er zusammen und bekam Herzklopfen. Dennoch tat er gleich darauf etwas, wozu er sich selber noch einen Augenblick zuvor den Mut nicht zugetraut hätte.

Als das Fräulein allein die Treppe heraufstieg, lauerte er ihr auf und überraschte sie in der oberen Flur. Er trat auf sie zu und streckte ihr einen kleinen Rosenstrauß entgegen. Es waren wilde Heckenröschen, die er im Regen draußen abgeschnitten hatte.

»Ist das für mich?« fragte Thusnelde.

»Ja, für Sie.«

»Womit hab ich denn das verdient? Ich fürchtete schon, Sie könnten mich gar nicht leiden.«

»Oh, Sie lachen mich ja nur aus.«

»Gewiß nicht, lieber Paul. Und ich danke schön für die Blumen. Wilde Rosen, nicht?«

»Hagrosen.«

»Ich will eine davon anstecken, nachher.«

Damit ging sie weiter nach ihrem Zimmer.

Am Abend blieb man diesmal in der Halle sitzen. Es hatte schön abgekühlt, und draußen fielen noch die Tropfen von den blankgespülten Zweigen. Man hatte im Sinn gehabt zu musizieren, aber der Professor wollte lieber die paar Stunden noch mit Abderegg verplaudern. So saßen nun alle bequem plaudernd in dem großen Raum, die Herren rauchten, und die jungen Leute hatten Limonadebecher vor sich stehen.

Die Tante sah mit Berta ein Album an und erzählte ihr alte Geschichten. Thusnelde war guter Laune und lachte viel. Den Hauslehrer hatte das lange erfolglose Reden im Pavillon stark mitgenommen, er war wieder nervös und zuckte leidend mit den Gesichtsmuskeln.

Daß sie jetzt so lächerlich mit dem Büblein Paul kokettierte, fand er geschmacklos, und er suchte wählerisch nach einer Form, ihr das zu sagen.
Paul war der lebhafteste von allen. Daß Thusnelde seine Rosen im Gürtel trug und daß sie »lieber Paul« zu ihm gesagt hatte, war ihm wie Wein zu Kopf gestiegen. Er machte Witze, erzählte Geschichten, hatte glühende Backen und ließ den Blick nicht von seiner Dame, die sich seine Huldigung so graziös gefallen ließ. Dabei rief es im Grund seiner Seele ohne Unterlaß: ›Morgen geht sie fort! morgen geht sie fort!‹, und je lauter und schmerzlicher es rief, desto sehnlicher klammerte er sich an den schönen Augenblick, und desto lustiger redete er darauf los.
Herr Abderegg, der einen Augenblick herüberhorchte, rief lachend: »Paul, du fängst früh an!«
Er ließ sich nicht stören. Für Augenblicke faßte ihn ein drängendes Verlangen, hinauszugehen, den Kopf an den Türpfosten zu lehnen und zu schluchzen. Aber nein, nein!
Währenddessen hatte Berta mit der Tante ›Du‹ gemacht und gab sich dankbar unter ihren Schutz. Es lag wie eine Last auf ihr, daß Paul von ihr allein nichts wissen wollte, daß er den ganzen Tag kaum ein Wort an sie gerichtet hatte, und müde und unglücklich überließ sie sich der gütigen Zärtlichkeit der Tante.
Die beiden alten Herren überboten einander im Aufwärmen von Erinnerungen und spürten kaum etwas davon, daß neben ihnen junge unausgesprochene Leidenschaften sich kreuzten und bekämpften.
Herr Homburger fiel mehr und mehr ab. Daß er hin und wieder eine schwach vergiftete Pointe ins Gespräch warf, wurde kaum beachtet, und je mehr die Bitterkeit und Auflehnung in ihm wuchs, desto weniger wollte es ihm gelingen, Worte zu finden. Er fand

es kindisch, wie Paul sich gehen ließ, und unverzeihlich, wie das Fräulein darauf einging. Am liebsten hätte er gute Nacht gesagt und wäre gegangen. Aber das mußte aussehen wie ein Geständnis, daß er sein Pulver verschossen habe und kampfunfähig sei. Lieber blieb er da und trotzte. Und so widerwärtig ihm Thusneldes ausgelassen spielerisches Wesen heute abend war, so hätte er sich doch vom Augenblick ihrer weichen Gesten und ihres schwach geröteten Gesichtes jetzt nicht trennen mögen.
Thusnelde durchschaute ihn und gab sich keine Mühe, ihr Vergnügen über Pauls leidenschaftliche Aufmerksamkeiten zu verbergen, schon weil sie sah, daß es den Kandidaten ärgerte. Und dieser, der in keiner Hinsicht ein Kraftmensch war, fühlte langsam seinen Zorn in jene weichlich trübe, faule Resignation übergehen, mit der bis jetzt fast alle seine Liebesversuche geendet hatten. War er denn je von einem Weib verstanden und nach seinem Wert geschätzt worden? Oh, aber er war Künstler genug, um auch die Enttäuschung, den Schmerz, das Einsambleiben mit allen ihren verborgensten Reizen zu genießen. Wenn auch mit zuckender Lippe, er genoß es doch; und wenn auch verkannt und verschmäht, er war doch der Held in der Szene, der Träger einer stummen Tragik, lächelnd mit dem Dolch im Herzen.

Man trennte sich erst spät. Als Paul in sein kühles Schlafzimmer trat, sah er durchs offene Fenster den beruhigten Himmel mit stillstehenden, milchweißen Flaumwölkchen bedeckt; durch ihre dünnen Flöre drang das Mondlicht weich und stark und spiegelte sich tausendmal in den nassen Blättern der Parkbäume. Fern über den Hügeln, nicht weit vom dunklen Horizont, leuchtete schmal und langgestreckt wie eine Insel

ein Stück reinen Himmels feucht und milde, darin ein einziger blasser Stern.
Der Knabe blickte lange hinaus und sah es nicht, sah nur ein bleiches Wogen und fühlte reine, frisch gekühlte Lüfte um sich her, hörte niegehörte, tiefe Stimmen wie entfernte Stürme brausen und atmete die weiche Luft einer anderen Welt. Vorgebeugt stand er am Fenster und schaute, ohne etwas zu sehen, wie ein Geblendeter, und vor ihm ungewiß und mächtig ausgebreitet lag das Land des Lebens und der Leidenschaften, von heißen Stürmen durchzittert und von dunkelschwülem Gewölk verschattet.
Die Tante war die letzte, die zu Bette ging. Wachsam hatte sie noch Türen und Läden revidiert, nach den Lichtern gesehen und einen Blick in die dunkle Küche getan, dann war sie in ihre Stube gegangen und hatte sich beim Kerzenlicht in den altmodischen Sessel gesetzt. Sie wußte ja nun, wie es um den Kleinen stand, und sie war im Innersten froh, daß morgen die Gäste wieder reisen wollten. Wenn nur auch alles gut ablief! Es war doch eigen, so ein Kind von heut auf morgen zu verlieren. Denn daß Pauls Seele ihr nun entgleiten und mehr und mehr undurchsichtig werden müsse, wußte sie wohl, und sie sah ihn mit Sorge seine ersten knabenhaften Schritte in den Garten der Liebe tun, von dessen Früchten sie selber zu ihrer Zeit nur wenig und fast nur die bitteren gekostet hatte. Dann dachte sie an Berta, seufzte und lächelte ein wenig und suchte dann lange in ihren Schubladen nach einem tröstenden Abschiedsgeschenk für die Kleine. Dabei erschrak sie plötzlich, als sie sah, wie spät es schon war.
Über dem schlafenden Haus und dem dämmernden Garten standen ruhig die milchweißen, flaumig dünnen Wolken, die Himmelsinsel am Horizont wuchs langsam zu einem weiten, reinen, dunkelklaren Felde,

zart von schwachglänzenden Sternen durchglüht, und über die entferntesten Hügel lief eine milde, schmale Silberlinie, sie vom Himmel trennend. Im Garten atmeten die erfrischten Bäume tief und rastend, und auf der Parkwiese wechselte mit dünnen, wesenlosen Wolkenschatten der schwarze Schattenkreis der Blutbuche.

Die sanfte, noch von Feuchtigkeit gesättigte Luft dampfte leise gegen den völlig klaren Himmel. Kleine Wasserlachen standen auf dem Kiesplatz und auf der Landstraße, blitzten goldig oder spiegelten die zarte Bläue. Knirschend fuhr der Wagen vor, und man stieg ein. Der Kandidat machte mehrere tiefe Bücklinge, die Tante nickte liebevoll und drückte noch einmal allen die Hände, die Hausmädchen sahen vom Hintergrunde der Flur der Abfahrt zu.

Paul saß im Wagen Thusnelde gegenüber und spielte den Fröhlichen. Er lobte das gute Wetter, sprach rühmend von köstlichen Ferientouren in die Berge, die er vorhabe, und sog jedes Wort und jedes Lachen des Mädchens gierig ein. Am frühen Morgen war er mit schlechtem Gewissen in den Garten geschlichen und hatte in dem peinlich geschonten Lieblingsbeet seines Vaters die prächtigste halboffene Teerose abgeschnitten. Die trug er nun, zwischen Seidenpapier gelegt, versteckt in der Brusttasche und war beständig in Sorge, er könnte sie zerdrücken. Ebenso bang war ihm vor der Möglichkeit einer Entdeckung durch den Vater.

Die kleine Berta war ganz still und hielt den blühenden Jasminzweig vors Gesicht, den ihr die Tante mitgegeben hatte. Sie war im Grunde fast froh, nun fortzukommen.

»Soll ich Ihnen einmal eine Karte schicken?« fragte Thusnelde munter.

»O ja, vergessen Sie es nicht! Das wäre schön.«
Und dann fügte er hinzu: »Aber Sie müssen dann auch unterschreiben, Fräulein Berta.«
Sie schrak ein wenig zusammen und nickte.
»Also gut, hoffentlich denken wir auch daran«, sagte Thusnelde.
»Ja, ich will dich dann erinnern.«
Da war man schon am Bahnhof. Der Zug sollte erst in einer Viertelstunde kommen. Paul empfand diese Viertelstunde wie eine unschätzbare Gnadenfrist. Aber es ging ihm sonderbar; seit man den Wagen verlassen hatte und vor der Station auf und ab spazierte, fiel ihm kein Witz und kein Wort mehr ein. Er war plötzlich bedrückt und klein, sah oft auf die Uhr und horchte, ob der kommende Zug schon zu hören sei. Erst im letzten Augenblick zog er seine Rose hervor und drückte sie noch an der Wagentreppe dem Fräulein in die Hand. Sie nickte ihm fröhlich zu und stieg ein. Dann fuhr der Zug ab, und alles war aus.
Vor der Heimfahrt mit dem Papa graute ihm, und als dieser schon eingestiegen war, zog er den Fuß wieder vom Tritt zurück und meinte: »Ich hätte eigentlich Lust, zu Fuß heimzugehen.«
»Schlechtes Gewissen, Paulchen?«
»O nein, Papa, ich kann ja auch mitkommen.«
Aber Herr Abderegg winkte lachend ab und fuhr allein davon.
»Er soll's nur ausfressen«, knurrte er unterwegs vor sich hin, »umbringen wird's ihn nicht.« Und er dachte, seit Jahren zum erstenmal, an sein erstes Liebesabenteuer und war verwundert, wie genau er alles noch wußte. Nun war also schon die Reihe an seinem Kleinen! Aber es gefiel ihm, daß der Kleine die Rose gestohlen hatte. Er hatte sie wohl gesehen.
Zu Hause blieb er einen Augenblick vor dem Bücher-

schrank im Wohnzimmer stehen. Er nahm den Werther heraus und steckte ihn in die Tasche, zog ihn aber gleich darauf wieder heraus, blätterte ein wenig darin herum, begann ein Lied zu pfeifen und stellte das Büchlein an seinen Ort zurück.
Mittlerweile lief Paul auf der warmen Landstraße heimwärts und war bemüht, sich das Bild der schönen Thusnelde immer wieder vorzustellen. Erst als er heiß und erschlafft die Parkhecke erreicht hatte, öffnete er die Augen und besann sich, was er nun treiben sollte. Da zog ihn die plötzlich aufblitzende Erinnerung unwiderstehlich zur Trauerweide hin. Er suchte den Baum mit heftig wallendem Verlangen auf, schlüpfte durch die tiefhängenden Zweige und setzte sich auf dieselbe Stelle der Bank, wo er gestern neben Thusnelde gesessen war und wo sie ihre Hand auf seine gelegt hatte. Er schloß die Augen, ließ die Hand auf dem Holze liegen und fühlte noch einmal den ganzen Sturm, der gestern ihn gepackt und berauscht und gepeinigt hatte. Flammen wogten um ihn, und Meere rauschten, und heiße Ströme zitterten sausend auf purpurnen Flügeln vorüber.
Paul saß noch nicht lange an seinem Platz, so klangen Schritte, und jemand trat herzu. Er blickte verwirrt auf, aus hundert Träumen gerissen, und sah den Herrn Homburger vor sich stehen.
»Ah, Sie sind da, Paul? Schon lange?«
»Nein, ich war ja mit an der Bahn. Ich kam zu Fuß zurück.«
»Und nun sitzen Sie hier und sind melancholisch.«
»Ich bin nicht melancholisch.«
»Also nicht. Ich habe Sie zwar schon munterer gesehen.«
Paul antwortete nicht.
»Sie haben sich ja sehr um die Damen bemüht.«

»Finden Sie?«
»Besonders um die eine. Ich hätte eher gedacht, Sie würden dem jüngeren Fräulein den Vorzug geben.«
»Dem Backfisch? Hm.«
»Ganz richtig, dem Backfisch.«
Da sah Paul, daß der Kandidat ein fatales Grinsen aufsetzte, und ohne noch ein Wort zu sagen, kehrte er sich um und lief davon, mitten über die Wiese.
Mittags bei Tisch ging es sehr ruhig zu.
»Wir scheinen ja alle ein wenig müde zu sein«, lächelte Herr Abderegg. »Auch du, Paul. Und Sie, Herr Homburger? Aber es war eine angenehme Abwechslung, nicht?«
»Gewiß, Herr Abderegg.«
»Sie haben sich mit dem Fräulein gut unterhalten? Sie soll ja riesig belesen sein.«
»Darüber müßte Paul unterrichtet sein. Ich hatte leider nur für Augenblicke das Vergnügen.«
»Was sagst du dazu, Paul?«
»Ich? Von wem sprecht ihr denn?«
»Von Fräulein Thusnelde, wenn du nichts dagegen hast. Du scheinst einigermaßen zerstreut zu sein —«
»Ach, was wird der Junge sich viel um die Damen gekümmert haben«, fiel die Tante ein.

Es war schon wieder heiß. Der Vorplatz strahlte Hitze aus, und auf der Straße waren die letzten Regenpfützen vertrocknet. Auf ihrer sonnigen Wiese stand die alte Blutbuche, von warmem Licht umflossen, und auf einem ihrer starken Äste saß der junge Paul Abderegg, an den Stamm gelehnt und ganz von rötlich dunklen Laubschatten umfangen. Das war ein alter Lieblingsplatz des Knaben, er war dort vor jeder Überraschung sicher. Dort auf dem Buchenast hatte er heimlicherweise im Herbst vor drei Jahren die ›Räuber‹ gelesen, dort hatte er seine erste halbe Zigarre geraucht, und dort hatte er damals das Spottgedicht auf seinen früheren Hauslehrer gemacht, bei dessen Entdeckung sich die Tante so furchtbar aufgeregt hatte. Er dachte an diese und andere Streiche mit einem überlegenen, nachsichtigen Gefühl, als wäre das alles vor Urzeiten gewesen. Kindereien, Kindereien!

Mit einem Seufzer richtete er sich auf, kehrte sich behutsam im Sitze um, zog sein Taschenmesser heraus und begann am Stamm zu ritzen. Es sollte ein Herz daraus werden, das den Buchstaben T umschloß, und er nahm sich vor, es schön und sauber auszuschneiden, wenn er auch mehrere Tage dazu brauchen sollte.

Noch am selben Abend ging er zum Gärtner hinüber, um sein Messer schleifen zu lassen. Er trat selber das Rad dazu. Auf dem Rückweg setzte er sich eine Weile in das alte Boot, plätscherte mit der Hand im Wasser und suchte sich auf die Melodie des Liedes zu besinnen, das er gestern von hier aus hatte singen hören. Der Himmel war halb verwölkt, und es sah aus, als werde in der Nacht schon wieder ein Gewitter kommen.

Schön ist die Jugend

Sogar mein Onkel Matthäus hatte auf seine Art eine Freude daran, mich wiederzusehen. Wenn ein junger Mann ein paar Jahre lang in der Fremde gewesen ist und kommt dann eines Tages wieder und ist etwas Anständiges geworden, dann lächeln auch die vorsichtigsten Verwandten und schütteln ihm erfreut die Hand.

Der kleine braune Koffer, in dem ich meine Habe trug, war noch ganz neu, mit gutem Schloß und glänzenden Riemen. Er enthielt zwei saubere Anzüge, Wäsche genug, ein neues Paar Stiefel, einige Bücher und Photographien, zwei schöne Tabakspfeifen und eine Taschenpistole. Außerdem brachte ich meinen Geigenkasten und einen Rucksack voll Kleinigkeiten mit, zwei Hüte, einen Stock und einen Schirm, einen leichten Mantel und ein Paar Gummischuhe, alles neu und solid, und überdies trug ich in der Brusttasche vernäht über zweihundert Mark Erspartes und einen Brief, in dem mir auf den Herbst eine gute Stelle im Ausland zugesagt war. An alledem hatte ich stattlich zu tragen und kehrte nun mit dieser Ausrüstung nach längerer Wanderzeit als ein Herr in meine Heimat zurück, die ich als schüchternes Sorgenkind verlassen hatte.

Vorsichtig langsam fuhr der Zug in großen Windungen den Hügel abwärts, und mit jeder Windung wurden Häuser, Gassen, Fluß und Gärten der unten liegenden Stadt näher und deutlicher. Bald konnte ich die Dächer unterscheiden und die bekannten darunter aussuchen, bald auch schon die Fenster zählen und die

Storchennester erkennen, und während aus dem Tale mir Kindheit und Knabenzeit und tausendfache köstliche Heimaterinnerung entgegenwehte, schmolz mein übermütiges Heimkehrgefühl und meine Lust, den Leuten da drunten recht zu imponieren, langsam dahin und wich einem dankbaren Erstaunen. Das Heimweh, das mich im Lauf der Jahre verlassen hatte, kam nun in der letzten Viertelstunde mächtig in mir herauf, jeder Ginsterbusch am Bahnsteig und jeder wohlbekannte Gartenzaun ward mir wunderlich teuer, und ich bat ihn um Verzeihung dafür, daß ich ihn so lang hatte vergessen und entbehren können.

Als der Zug über unserm Garten hinwegfuhr, stand im obersten Fenster des alten Hauses jemand und winkte mit einem großen Handtuch; das mußte mein Vater sein. Und auf der Veranda standen meine Mutter und die Magd mit Tüchern, und aus dem obersten Schornstein floß ein leichter blauer Rauch vom Kaffeefeuer in die warme Luft und über das Städtchen hinweg. Das gehörte nun alles wieder mir, hatte auf mich gewartet und hieß mich willkommen.

Am Bahnhof lief der alte bärtige Portier mit derselben Aufregung wie früher auf und ab und drängte die Leute vom Geleise weg, und unter den Leuten sah ich meine Schwester und meinen jüngeren Bruder stehen und erwartungsvoll nach mir ausblicken. Mein Bruder hatte für mein Gepäck den kleinen Handwagen mitgebracht, der die ganzen Bubenjahre hindurch unser Stolz gewesen war. Auf den luden wir meinen Koffer und Rucksack, Fritz zog an, und ich ging mit der Schwester hinterdrein. Sie tadelte es, daß ich mir jetzt die Haare so kurz scheren lasse, fand meinen Schnurrbart hingegen hübsch und meinen neuen Koffer sehr fein. Wir lachten und sahen uns in die Augen, gaben einander von Zeit zu Zeit wieder die Hände und nickten dem Fritz zu, der mit dem Wägelchen vorausfuhr und sich öfters umdrehte. Er war so groß wie ich und stattlich breit geworden. Während er vor uns herging, fiel mir plötzlich ein, daß ich ihn als Knabe mehrmals bei Streitereien geschlagen hatte, ich sah sein Kindergesicht wieder und seine beleidigten oder traurigen Augen und fühlte etwas von derselben peinlichen Reue, die ich auch damals immer gespürt hatte, sobald der Zorn vertobt war. Nun schritt Fritz groß und erwachsen einher und hatte schon blonden Flaum ums Kinn.

Wir kamen durch die Allee von Kirschen- und Vogelbeerbäumen, am oberen Steg vorbei, an einem neuen Kaufladen und vielen alten unveränderten Häusern vorüber. Dann kam die Brückenecke, und da stand wie immer meines Vaters Haus mit offenen Fenstern, durch die ich unsern Papagei pfeifen hörte, daß mir vor Erinnerung und Freude das Herz heftig schlug. Durch die kühle, dunkle Toreinfahrt und den großen steinernen Hausgang trat ich ein und eilte die Treppe hinauf, auf der mir der Vater entgegenkam. Er küßte mich, lächelte und klopfte mir auf die Schulter, dann führte er mich still an der Hand bis zur oberen Flurtüre, wo meine Mutter stand und mich in die Arme nahm.

Darauf kam die Magd Christine gelaufen und gab mir die Hand, und in der Wohnstube, wo der Kaffee bereitstand, begrüßte ich den Papagei Polly. Er kannte mich sogleich wieder, stieg vom Rand seines Käfigdaches auf meinen Finger herüber und senkte den schönen grauen Kopf, um sich streicheln zu lassen. Die Stube war frisch tapeziert, sonst war alles gleich geblieben, von den Bildern der Großeltern und dem Glasschrank bis zu der mit altmodischen Lilablumen bemalten Standuhr. Die Tassen standen auf dem gedeckten Tisch, und in der meinen stand ein kleiner

Resedenstrauß, den ich herausnahm und ins Knopfloch steckte.
Mir gegenüber saß die Mutter und sah mich an und legte mir Milchwecken hin; sie ermahnte mich, über dem Reden das Essen nicht zu versäumen, und stellte doch selber eine Frage um die andere, die ich beantworten mußte. Der Vater hörte schweigend zu, strich seinen grau gewordenen Bart und sah mich durch die Brillengläser freundlich prüfend an. Und während ich ohne übertriebene Bescheidenheit von meinen Erlebnissen, Taten und Erfolgen berichtete, fühlte ich wohl, daß ich das Beste von allem diesen beiden zu danken habe.
An diesem ersten Tag wollte ich gar nichts sehen als das alte Vaterhaus, für alles andere war morgen und später noch Zeit genug. So gingen wir nach dem Kaffee durch alle Stuben, durch Gänge und Kammern, und fast alles war noch wie einstmals, und einiges Neue, das ich entdeckte, kam den andern auch schon alt und selbstverständlich vor, und sie stritten, ob es nicht schon zu meinen Zeiten so gewesen sei.
In dem kleinen Garten, der zwischen Efeumauern am Bergabhange liegt, schien die Nachmittagssonne auf saubere Wege und Tropfsteineinfassungen, auf das halbvolle Wasserfaß und auf die prächtig farbigen Beete, daß alles lachte. Wir setzten uns auf der Veranda in bequeme Stühle; dort floß das durch die großen transparenten Blätter des Pfeifenstrauches eindringende Sonnenlicht gedämpft und warm und lichtgrün, ein paar Bienen sumsten schwer und trunken dahin und hatten ihren Weg verloren. Der Vater sprach zum Dank für meine Heimkehr mit entblößtem Haupt das Vaterunser, wir standen still und hatten die Hände gefaltet, und obwohl die ungewohnte Feierlichkeit mich ein wenig bedrückte, hörte ich doch die alten hei-

ligen Worte mit Freude und sprach das Amen dankbar mit.

Dann ging Vater in seine Studierstube, und die Geschwister liefen weg, es ward ganz still, und ich saß allein mit meiner Mutter an dem Tisch. Das war ein Augenblick, auf den ich mich schon gar lang gefreut und auch gefürchtet hatte. Denn wenn auch meine Rückkehr erfreulich und willkommen war, so war doch mein Leben in den letzten Jahren nicht durchaus sauber und durchsichtig gewesen.

Nun schaute mich die Mutter mit ihren schönen, warmen Augen an und las auf meinem Gesicht und überlegte sich vielleicht, was sie sagen und wonach sie fragen sollte. Ich hielt befangen still und spielte mit meinen Fingern, auf ein Examen gefaßt, das im ganzen zwar nicht allzu unrühmlich, im einzelnen jedoch recht beschämend ausfallen würde.

Sie sah mir eine Weile ruhig in die Augen, dann nahm sie meine Hand in ihre feinen, kleinen Hände.

»Betest du auch noch manchmal?« fragte sie leise.

»In der letzten Zeit nicht mehr«, mußte ich sagen, und sie blickte mich ein wenig bekümmert an.

»Du lernst es schon wieder«, meinte sie dann. Und ich sagte: »Vielleicht.«

Dann schwieg sie eine Weile und fragte schließlich: »Aber gelt, ein rechter Mann willst du werden?«

Da konnte ich ja sagen. Sie aber, statt nun mit peinlichen Fragen zu kommen, streichelte meine Hand und nickte mir auf eine Weise zu, die bedeutete, sie habe Vertrauen zu mir, auch ohne eine Beichte. Und dann fragte sie nach meinen Kleidern und meiner Wäsche, denn in den letzten zwei Jahren hatte ich mich selber versorgt und nichts mehr zum Waschen und Flicken heimgeschickt.

»Wir wollen morgen alles miteinander durchsehen«,

sagte sie, nachdem ich Bericht erstattet hatte, und damit war das ganze Examen zu Ende.

Bald darauf holte die Schwester mich ins Haus. Im ›schönen Zimmer‹ setzte sie sich ans Klavier und holte die Noten von damals heraus, die ich lang nimmer gehört und gesungen und doch nicht vergessen hatte. Wir sangen Lieder von Schubert und Schumann und nahmen dann den Silcher vor, die deutschen und die ausländischen Volkslieder, bis es Zeit zum Nachtessen war. Da deckte meine Schwester den Tisch, während ich mich mit dem Papagei unterhielt, der trotz seines Namens für ein Männchen galt und der ›Polly‹ hieß. Er sprach mancherlei, ahmte unsere Stimmen und unser Lachen nach und verkehrte mit jedem von uns auf einer besonderen, genau eingehaltenen Stufe von Freundschaftlichkeit. Am engsten war er mit meinem Vater befreundet, den er alles mit sich anfangen ließ, dann kam der Bruder, dann Mama, dann ich und zuletzt die Schwester, gegen die er ein Mißtrauen hegte.

Polly war das einzige Tier in unserm Hause und gehörte seit zwanzig Jahren wie ein Kind zu uns. Er liebte Gespräch, Gelächter und Musik, aber nicht in nächster Nähe. Wenn er allein war und im Nebenzimmer lebhaft sprechen hörte, lauschte er scharf, redete mit und lachte auf seine gutmütig ironische Art. Und manchmal, wenn er ganz unbeachtet und einsam auf seinem Klettergestäbe saß und Stille herrschte und die Sonne warm ins Zimmer schien, dann fing er in tiefen, wohligen Tönen an, das Leben zu preisen und Gott zu loben, in flötenähnlichen Lauten, und es klang feierlich, warm und innig, wie das selbstvergessene Singen eines einsam spielenden Kindes.

Nach dem Abendessen brachte ich eine halbe Stunde damit zu, den Garten zu gießen, und als ich naß und schmutzig wieder hereinkam, hörte ich vom Gang aus eine halb bekannte Mädchenstimme drinnen sprechen. Schnell wischte ich die Hände am Sacktuch ab und trat ein, da saß in einem lila Kleide und breitem Strohhut ein großes schönes Mädchen, und als sie aufstand und mich ansah und mir die Hand hinstreckte, erkannte ich Helene Kurz, eine Freundin meiner Schwester, in die ich früher einmal verliebt gewesen war.

»Haben Sie mich denn noch gekannt?« fragte ich vergnügt.

»Lotte hat mir schon gesagt, Sie seien heimgekommen«, sagte sie freundlich. Aber mich hätte es mehr gefreut, wenn sie einfach ja gesagt hätte. Sie war hoch gewachsen und gar schön geworden, ich wußte nichts weiter zu sagen und ging ans Fenster zu den Blumen, während sie sich mit der Mutter und Lotte unterhielt.

Meine Augen gingen auf die Straße, und meine Finger spielten mit den Blättern der Geranienstöcke, meine Gedanken aber waren nicht dabei. Ich sah einen blaukalten Winterabend und lief auf dem Flusse zwischen den hohen Erlenstauden Schlittschuh und verfolgte von ferne in scheuen Halbkreisen eine Mädchengestalt, die noch nicht richtig Schlittschuh laufen konnte und sich von einer Freundin führen ließ.

Nun klang ihre Stimme, viel voller und tiefer geworden als früher, mir nahe und mir doch fast fremd; sie war eine junge Dame geworden, und ich kam mir nimmer gleichstehend und gleichaltrig vor, sondern wie wenn ich immer noch fünfzehnjährig wäre. Als sie ging, gab ich ihr wieder die Hand, verbeugte mich aber unnötig und ironisch tief und sagte: »Gute Nacht, Fräulein Kurz.«

»Ist die denn wieder daheim?« fragte ich nachher.

»Wo soll sie denn sonst sein?« meinte Lotte, und ich mochte nicht weiter davon reden.

Pünktlich um zehn Uhr wurde das Haus geschlossen, und die Eltern gingen ins Bett. Beim Gutenachtkuß legte der Vater mir den Arm um die Schulter und sagte leise: »Das ist recht, daß wir dich wieder einmal zu Haus haben. Freut's dich auch?«

Alles ging zu Bett, auch die Magd hatte schon vor einer Weile gute Nacht gesagt, und nachdem noch ein paar Türen einigemal auf und zu gegangen waren, lag das Haus in tiefer Nachtstille.

Ich aber hatte mir zuvor ein Krüglein Bier geholt und kalt gestellt, das setzte ich in meinem Zimmer auf den Tisch, und da in den Wohnstuben bei uns nicht geraucht werden durfte, stopfte ich mir jetzt eine Pfeife und zündete sie an. Meine beiden Fenster gingen auf den dunkeln, stillen Hof, von dem eine Steintreppe bergauf in den Garten führte. Dort oben sah ich die Tannen schwarz am Himmel stehen und darüber Sterne schimmern.

Länger als eine Stunde blieb ich noch auf, sah die kleinen wolligen Nachtflügler um meine Lampe geistern und blies langsam meine Rauchwolken gegen die geöffneten Fenster. In langen stillen Zügen gingen unzählige Bilder meiner Heimat- und Knabenzeit an meiner Seele vorüber, eine große schweigende Schar, aufsteigend und erglänzend und wieder verschwindend wie Wogen auf einer Seefläche.

Am Morgen legte ich meinen besten Anzug an, um meiner Vaterstadt und den vielen alten Bekannten zu gefallen und einen sichtbaren Beweis dafür zu geben, daß es mir wohl ergangen und daß ich nicht als armer Teufel heimgekommen sei. Über unserm engen Tale stand der Sommerhimmel glänzend blau, die weißen Straßen stäubten leicht, vor dem benachbarten Posthause standen die Botenwagen aus den Walddörfern,

und auf der Gasse spielten die kleinen Kinder mit Gluckern und wollenen Bällen.
Mein erster Gang war über die alte steinerne Brücke, das älteste Bauwerk des Städtleins. Ich betrachtete die kleine gotische Brückenkapelle, an der ich früher tausendmal vorbeigelaufen war, dann lehnte ich mich auf die Brüstung und schaute den grünen, raschen Fluß hinauf und hinab. Die behagliche alte Mühle, an deren Giebelwand ein weißes Rad gemalt gewesen war, die war verschwunden, und an ihrem Platze stand ein neuer großer Bau aus Backsteinen, im übrigen war nichts verändert, und wie früher trieben sich unzählige Gänse und Enten auf dem Wasser und an den Ufern herum.
Jenseits der Brücke begegnete mir der erste Bekannte, ein Schulkamerad von mir, der Gerber geworden war. Er trug eine leuchtend orangegelbe Schürze und sah mich ungewiß und suchend an, ohne mich recht zu erkennen. Ich nickte ihm vergnügt zu und schlenderte weiter, während er mir nachschaute und sich noch immer besann. Am Fenster seiner Werkstatt begrüßte ich den Kupferschmied mit seinem prachtvollen weißen Bart und schaute dann auch gleich zum Drechsler hinein, der seine Radsaite schnurren ließ und mir eine Prise anbot. Dann kam der Marktplatz mit seinem großen Brunnen und mit der heimeligen Rathaushalle. Dort war der Laden des Buchhändlers, und obwohl der alte Herr mich vor Jahren in übeln Ruf gebracht, weil ich Heines Werke bei ihm bestellt hatte, ging ich doch hinein und kaufte einen Bleistift und eine Ansichtspostkarte. Von hier war es nimmer weit bis zu den Schulhäusern, ich sah mir daher im Vorübergehen die alten Kästen an, witterte an den Toren den bekannten ängstlichen Schulenduft und entrann aufatmend zur Kirche und dem Pfarrhaus.

Als ich noch einige Gassen abgestreift und mich beim Barbier hatte rasieren lassen, war es zehn Uhr und damit die Zeit, meinen Besuch beim Onkel Matthäus zu machen. Ich ging durch den stattlichen Hof in sein schönes Haus, stäubte mir im kühlen Gang die Hosen ab und klopfte an die Wohnstubentüre. Drinnen fand ich die Tante und beide Töchter beim Nähen, der Onkel war schon im Geschäft. Alles in diesem Hause atmete einen reinlichen, altmodisch tüchtigen Geist, ein wenig streng und zu deutlich aufs Nützliche gerichtet, aber auch heiter und zuverlässig. Was dort beständig gefegt, gekehrt, gewaschen, genäht, gestrickt und gesponnen wurde, ist nicht zu sagen, und dennoch fanden die Töchter noch die Zeit, um gute Musik zu machen. Beide spielten Klavier und sangen, und wenn sie die neueren Komponisten auch nicht kannten, so waren sie im Händel, Bach, Haydn und Mozart desto heimischer.

Die Tante sprang auf und mir entgegen, die Töchter machten ihren Stich noch fertig und gaben mir dann die Hand. Zu meinem Erstaunen wurde ich ganz als ein Ehrengast behandelt und in die feine Besuchsstube geführt. Ferner ließ Tante Berta sich durch keine Widerrede davon abhalten, mir ein Glas Wein und Backwerk vorzusetzen. Dann nahm sie mir gegenüber in einem der Staatsstühle Platz. Die Töchter blieben draußen bei der Arbeit.

Das Examen, mit dem meine gute Mutter mich gestern verschont hatte, brach nun zum Teil doch noch über mich herein. Doch kam es mir hier auch nicht darauf an, den ungenügenden Tatsachen durch meine Darstellung etwas mehr Glanz zu verleihen. Meine Tante hatte ein lebhaftes Interesse für die Persönlichkeiten geschätzter Kanzelredner, und sie fragte mich nach den Kirchen und Predigern aller Städte, in denen ich gelebt hatte, gründlich aus. Nachdem wir einige kleine Peinlichkeiten mit gutem Willen überwunden hatten, beklagten wir gemeinsam den vor zehn Jahren erfolgten Hingang eines berühmten Prälaten, den ich, falls er noch am Leben gewesen wäre, in Stuttgart hätte predigen hören können.

Darauf kam die Rede auf meine Schicksale, Erlebnisse und Aussichten, und wir fanden, ich hätte Glück gehabt und sei auf gutem Wege.

»Wer hätte das vor sechs Jahren gedacht!« meinte sie.

»Stand es eigentlich damals so traurig mit mir?« mußte ich nun doch fragen.

»Das nicht gerade, das nicht. Aber es war damals doch eine rechte Sorge für deine Eltern.«

Ich wollte sagen ›für mich auch‹, aber sie hatte im Grunde recht, und ich wollte die Streitigkeiten von damals nicht wieder aufwärmen.

»Das ist schon wahr«, sagte ich deshalb und nickte ernst.

»Du hast ja auch allerlei Berufe probiert.«

»Ja freilich, Tante. Und keiner davon reut mich. Ich will auch in dem, den ich jetzt habe, nicht immer bleiben.«

»Aber nein! Ist das dein Ernst? Wo du gerade eine so gute Anstellung hast? Fast zweihundert Mark im Monat, das ist ja für einen jungen Mann glänzend.«

»Wer weiß, wie lang's dauert, Tante.«

»Wer redet auch so! Es wird schon dauern, wenn du recht dabeibleibst.«

»Nun ja, wir wollen hoffen. Aber jetzt muß ich noch zur Tante Lydia hinauf und nachher zum Onkel ins Kontor. Also auf Wiedersehen, Tante Berta.«

»Ja, adieu. Es ist mir eine Freude gewesen. Zeig dich auch einmal wieder!«

»Ja, gern.«

In der Wohnstube sagte ich den beiden Mädchen adieu und unter der Zimmertür der Tante. Dann stieg ich die breite helle Treppe hinauf, und wenn ich bisher das Gefühl gehabt hatte, eine altmodische Luft zu atmen, so kam ich jetzt in eine noch viel altmodischere.
Droben wohnte in zwei Stüblein eine achtzigjährige Großtante, die mich mit der Zärtlichkeit und Galanterie einer vergangenen Zeit empfing. Da gab es Aquarellporträte von Urgroßonkeln, aus Glasperlen gestickte Deckchen und Beutel mit Blumensträußen und Landschaften drauf, ovale Bilderrähmchen und einen Duft von Sandelholz und altem, zartem Parfüm.
Tante Lydia trug ein dunkelviolettes Kleid von ganz einfachem Schnitt, und außer der Kurzsichtigkeit und dem leisen Zittern des Kopfes war sie erstaunlich frisch und jung. Sie zog mich auf ein schmales Kanapee und fing nicht etwa an von großväterlichen Zeiten zu reden, sondern fragte nach meinem Leben und meinen Ideen und hatte für alles Aufmerksamkeit und Interesse. So alt sie war und so entlegen urväterisch es bei ihr roch und aussah, sie war doch bis vor zwei Jahren noch öfters auf Reisen gewesen und hatte von der heutigen Welt, ohne sie durchaus zu billigen, eine deutliche und nicht übelwollende Vorstellung, die sie gerne frisch hielt und ergänzte. Dabei besaß sie eine artige und liebenswerte Fertigkeit in der Konversation; wenn man bei ihr saß, floß das Gespräch ohne Pausen und war immer irgendwie interessant und angenehm.
Als ich ging, küßte sie mich und entließ mich mit einer segnenden Gebärde, die ich bei niemand sonst gesehen habe.
Den Onkel Matthäus suchte ich in seinem Kontor auf, wo er über Zeitungen und Katalogen saß. Er machte mir die Ausführung meines Entschlusses, keinen Stuhl

zu nehmen und recht bald wieder zu gehen, nicht schwer.
»So, bist auch wieder im Land?« sagte er.
»Ja, auch wieder einmal. ’s ist lang her.«
»Und jetzt geht’s dir gut, hört man?«
»Recht gut, danke.«
»Mußt auch meiner Frau grüß Gott sagen, gelt?«
»Ich bin schon bei ihr gewesen.«
»So, das ist brav. Na, dann ist ja alles gut.«
Damit senkte er das Gesicht wieder in sein Buch und streckte mir die Hand hin, und da er annähernd die Richtung getroffen hatte, ergriff ich sie schnell und ging vergnügt hinaus.
Nun waren die Staatsbesuche gemacht, und ich ging zum Essen heim, wo es mir zu Ehren Reis und Kalbsbraten gab. Nach Tisch zog mich mein Bruder Fritz beiseite in sein Stübchen, wo meine frühere Schmetterlingsammlung unter Glas an der Wand hing. Die Schwester wollte mitplaudern und streckte den Kopf zur Tür herein, aber Fritz winkte wichtig ab und sagte: »Nein, wir haben ein Geheimnis.«
Dann sah er mich prüfend an, und da er auf meinem Gesicht die genügende Spannung wahrnahm, zog er unter seiner Bettstatt eine Kiste hervor, deren Deckel mit einem Stück Blech belegt und mit mehreren tüchtigen Steinen beschwert war.
»Rat, was da drinnen ist«, sagte er leise und listig.
Ich besann mich auf unsere ehemaligen Liebhabereien und Unternehmungen und riet: »Eidechsen?«
»Nein.«
»Ringelnattern?«
»Nichts.«
»Raupen?«
»Nein, nichts Lebendiges.«
»Nicht? Warum ist dann die Kiste so gut verwahrt?«

»Es gibt gefährlichere Sachen als Raupen.«
»Gefährlich? Aha – Pulver?«
Statt der Antwort nahm er den Deckel ab, und ich erblickte in der Kiste ein bedeutendes Arsenal von Pulverpaketchen von verschiedenem Korn, Holzkohle, Zunder, Zündschnüren, Schwefelstücken, Schachteln mit Salpeter und Eisenfeilspänen.
»Nun, was sagst du?«
Ich wußte, daß mein Vater keine Nacht mehr hätte schlafen können, wenn ihm bekannt gewesen wäre, daß im Bubenzimmer eine Kiste solchen Inhalts lagerte. Aber Fritz leuchtete so vor Wonne und Überrascherfreude, daß ich diesen Gedanken nur vorsichtig andeutete und mich bei seinem Zureden sofort beruhigte. Denn ich selber war moralisch schon mitschuldig geworden und freute mich auf die Feuerwerkerei wie ein Lehrling auf den Feierabend.
»Machst du mit?« fragte Fritz.
»Natürlich. Wir können's ja abends hie und da in den Gärten loslassen, nicht?«
»Freilich können wir. Neulich hab ich im Anger draußen einen Bombenanschlag mit einem halben Pfund Pulver gemacht. Es hat geklöpft wie ein Erdbeben. Aber jetzt hab ich kein Geld mehr, und wir brauchen noch allerlei.«
»Ich geb einen Taler.«
»Fein, du! Dann gibt's Raketen und Riesenfrösche.«
»Aber vorsichtig, gelt?«
»Vorsichtig! Mir ist noch nie was passiert.«
Das war eine Anspielung auf ein böses Mißgeschick, das ich als Vierzehnjähriger beim Feuerwerken erlebt hatte und das mich um ein Haar mein Leben gekostet hätte.
Nun zeigte er mir die Vorräte und die angefangenen Stücke, weihte mich in einige seiner neuen Versuche

und Erfindungen ein und machte mich auf andere neugierig, die er mir vorführen wollte und einstweilen noch geheim hielt. Darüber verging seine Mittagstunde, und er mußte ins Geschäft. Und kaum hatte ich nach seinem Weggehen die unheimliche Kiste wieder bedeckt und unterm Bett verstaut, da kam Lotte und holte mich zum Spaziergang mit Papa ab.

»Wie gefällt dir Fritz?« fragte der Vater. »Nicht wahr, er ist groß geworden?«

»O ja.«

»Und auch ordentlich ernster, nicht? Er fängt doch an, aus den Kindereien herauszukommen. Ja, nun habe ich lauter erwachsene Kinder.«

Es geht an, dachte ich und schämte mich ein wenig. Aber es war ein prächtiger Nachmittag, in den Kornfeldern flammte der Mohn und lachten die Kornraden, wir spazierten langsam und sprachen von lauter vergnüglichen Dingen. Wohlbekannte Wege und Waldränder und Obstgärten begrüßten mich und winkten mir zu, und die früheren Zeiten kamen wieder herauf und sahen so hold und strahlend aus, als wäre damals alles gut und vollkommen gewesen.

»Jetzt muß ich dich noch was fragen«, fing Lotte an. »Ich habe im Sinn gehabt, eine Freundin von mir für ein paar Wochen einzuladen.«

»So, von woher denn?«

»Von Ulm. Sie ist zwei Jahre älter als ich. Was meinst du? Jetzt, wo wir dich da haben, bist du die Hauptsache, und du mußt es nur sagen, wenn der Besuch dich genieren würde.«

»Was ist's denn für eine?«

»Sie hat das Lehrerinnenexamen gemacht —«

»O je!«

»Nicht o je. Sie ist sehr nett und gar kein Blaustrumpf, sicher nicht. Sie ist auch nicht Lehrerin geworden.«

»Warum denn nicht?«
»Das mußt du sie selber fragen.«
»Also kommt sie doch?«
»Kindskopf! Es kommt auf dich an. Wenn du meinst, wir bleiben lieber unter uns, dann kommt sie später einmal. Drum frag ich dich ja.«
»Ich will's an den Knöpfen abzählen.«
»Dann sag lieber gleich ja.«
»Also ja.«
»Gut. Dann schreib ich heute noch.«
»Und einen Gruß von mir.«
»Er wird sie kaum freuen.«
»Übrigens, wie heißt sie denn?«
»Anna Amberg.«
»Amberg ist schön. Und Anna ist ein Heiligenname, aber ein langweiliger, schon weil man ihn nicht abkürzen kann.«
»Wär dir Anastasia lieber?«
»Ja, da könnte man Stasi oder Stasel draus machen.«
Mittlerweile hatten wir die letzte Hügelhöhe erreicht, die von einem Absatz zum andern nahe geschienen und sich hingezögert hatte. Nun sahen wir von einem Felsen über merkwürdig verkürzte, abschüssige Felder hinweg, durch die wir gestiegen waren, tief im engen Tale die Stadt liegen. Hinter uns aber stand auf welligem Lande stundenweit der schwarze Tannenwald, hin und wieder von schmalen Wiesen oder von einem Stück Kornland unterbrochen, das aus der bläulichen Schwärze heftig hervorleuchtete.
»Schöner als hier ist's eigentlich doch nirgends«, sagte ich nachdenklich.
Mein Vater lächelte und sah mich an.
»Es ist deine Heimat, Kind. Und schön ist sie, das ist wahr.«
»Ist deine Heimat schöner, Papa?«

»Nein, aber wo man ein Kind war, da ist alles schön und heilig. Hast du nie Heimweh gehabt, du?«
»Doch, hie und da schon.«
In der Nähe war eine Waldstelle, da hatte ich in Bubenzeiten manchmal Rotkehlchen gefangen. Und etwas weiter mußten noch die Trümmer einer Steinburg stehen, die wir Knaben einst gebaut hatten. Aber der Vater war müde, und nach einer kleinen Rast kehrten wir um und stiegen einen anderen Weg bergab.
Gern hätte ich über Helene Kurz noch einiges erfahren, doch wagte ich nicht davon anzufangen, da ich durchschaut zu werden fürchtete. In der unbeschäftigten Ruhe des Daheimseins und in der frohen Aussicht auf mehrere müßiggängerische Ferienwochen wurde mein junges Gemüt von beginnender Sehnsucht und von Liebesplänen bewegt, für die es nur noch eines günstigen Ausgangspunktes bedurfte. Aber der fehlte mir gerade, und je mehr ich innerlich mit dem Bilde der schönen Jungfer beschäftigt war, desto weniger fand ich die Unbefangenheit, um nach ihr und ihren Umständen zu fragen.
Im langsamen Heimspazieren sammelten wir an den Feldrändern große Blumensträuße, eine Kunst, die ich lange Zeit nicht mehr geübt hatte. In unserem Haus war von der Mutter her die Gewohnheit, in den Zimmern nicht nur Topfblumen zu halten, sondern auch auf allen Tischen und Kommoden immer frische Sträuße stehen zu haben. Zahlreiche einfache Vasen, Gläser und Krüge hatten sich in den Jahren angesammelt, und wir Geschwister kehrten kaum von einem Spaziergang zurück, ohne Blumen, Farnkräuter oder Zweige mitzubringen.
Mir schien, ich hätte jahrelang gar keine Feldblumen mehr gesehen. Denn diese sehen gar anders aus, wenn man sie im Dahinwandern mit malerischem Wohlge-

fallen als Farbeninseln im grünen Erdreich betrachtet, als wenn man kniend und gebückt sie einzeln sieht und die schönsten zum Pflücken aussucht. Ich entdeckte kleine verborgene Pflanzen, deren Blüten mich an Ausflüge in der Schulzeit erinnerten, und andere, die meine Mutter besonders gern gehabt oder mit besonderen, von ihr selbst erfundenen Namen bedacht hatte. Die gab es alle noch, und mit jeder von ihnen ging mir eine Erinnerung auf, und aus jedem blauen oder gelben Kelche schaute meine freudige Kindheit mir ungewohnt lieb und nahe in die Augen.

Im sogenannten Saal unseres Hauses standen viele hohe Kästen aus rohem Tannenholz, in denen stand und lag ein konfuser Bücherschatz aus großväterlichen Zeiten ungeordnet und einigermaßen verwahrlost umher. Da hatte ich als kleiner Knabe in vergilbten Ausgaben mit fröhlichen Holzschnitten den Robinson und den Gulliver gefunden und gelesen, alsdann alte Seefahrer- und Entdeckergeschichten, später aber auch viel schöngeistige Literatur, wie ›Siegwart, eine Klostergeschichte‹, ›Der neue Amadis‹, ›Werthers Leiden‹ und den Ossian, alsdann viele Bücher von Jean Paul, Stilling, Walter Scott, Platen, Balzac und Viktor Hugo sowie die kleine Ausgabe von Lavaters Physiognomik und zahlreiche Jahrgänge niedlicher Almanache, Taschenbücher und Volkskalender, alte mit Kupferchen von Chodowiecki, später, von Ludwig Richter illustrierte, und schweizerische mit Holzschnitten von Disteli.

Aus diesem Schatze nahm ich abends, wenn nicht musiziert wurde oder wenn ich nicht mit Fritz über Pulverhülsen saß, irgendeinen Band mit in meine Stube und blies den Rauch meiner Pfeife in die gelblichen Blätter, über denen meine Großeltern geschwärmt, geseufzt und nachgedacht hatten. Einen Band des ›Titan‹ von Jean Paul hatte mein Bruder zu Feuerwerkszwecken ausgeweidet und verbraucht. Als ich die zwei ersten Bände gelesen hatte und den dritten suchte, gestand er es und gab vor, der Band sei ohnehin defekt gewesen.

Diese Abende waren immer schön und unterhaltsam. Wir sangen, die Lotte spielte Klavier, und Fritz geigte, Mama erzählte Geschichten aus unserer Kinderzeit, Polly flötete im Käfig und weigerte sich, zu Bett zu gehen. Der Vater ruhte am Fenster aus oder klebte an einem Bilderbuch für kleine Neffen.

Doch empfand ich es keineswegs als eine Störung, als eines Abends Helene Kurz wieder für eine halbe Stunde zum Plaudern kam. Ich sah sie immer wieder mit Erstaunen an, wie schön und vollkommen sie geworden war. Als sie kam, brannten gerade noch die Klavierkerzen, und sie sang bei einem zweistimmigen Liede mit. Ich aber sang nur ganz leise, um von ihrer tiefen Stimme jeden Ton zu hören. Ich stand hinter ihr und sah durch ihr braunes Haar das Kerzenlicht goldig flimmern, sah, wie ihre Schultern sich beim Singen leicht bewegten, und dachte, daß es köstlich sein müßte, mit der Hand ein wenig über ihr Haar zu streichen.

Ungerechtfertigterweise hatte ich das Gefühl, mit ihr von früher her durch gewisse Erinnerungen in einer Art von Verbindung zu sein, weil ich schon im Konfirmationsalter in sie verliebt gewesen war, und ihre gleichgültige Freundlichkeit war mir eine kleine Enttäuschung. Denn ich dachte nicht daran, daß jenes Verhältnis nur von meiner Seite bestanden hatte und ihr durchaus unbekannt geblieben war.

Nachher, als sie ging, nahm ich meinen Hut und ging bis zur Glastüre mit.

»Gut Nacht«, sagte sie. Aber ich nahm ihre Hand nicht, sondern sagte: »Ich will Sie heimbegleiten.«
Sie lachte.
»Oh, das ist nicht nötig, danke schön. Es ist ja hier gar nicht Mode.«
»So?« sagte ich und ließ sie an mir vorbeigehen. Aber da nahm meine Schwester ihren Strohhut mit den blauen Bändern und rief: »Ich geh auch mit.«
Und wir stiegen zu dritt die Treppe hinunter, ich machte eifrig das schwere Haustor auf, und wir traten in die laue Dämmerung hinaus und gingen langsam durch die Stadt, über Brücke und Marktplatz und in die steile Vorstadt hinauf, wo Helenes Eltern wohnten. Die zwei Mädchen plauderten miteinander wie die Staren, und ich hörte zu und war froh, dabei zu sein und zum Kleeblatt zu gehören. Zuweilen ging ich langsamer, tat, als schaue ich nach dem Wetter aus, und blieb einen Schritt zurück, dann konnte ich sie ansehen, wie sie den dunkeln Kopf frei auf dem steilen, hellen Nacken trug und wie sie kräftig ihre ebenmäßigen schlanken Schritte tat.
Vor ihrem Haus gab sie uns die Hand und ging hinein, ich sah ihren Hut noch im finsteren Hausgang schimmern, ehe die Tür zuschnappte.
»Ja«, sagte Lotte. »Sie ist doch ein schönes Mädchen, nicht? Und sie hat etwas so Liebes.«
»Jawohl. – Und wie ist's jetzt mit deiner Freundin, kommt sie bald?«
»Geschrieben hab ich ihr gestern.«
»So so. Ja, gehen wir den gleichen Weg heim?«
»Ach so, wir könnten den Gartenweg gehen, gelt?«
Wir gingen den schmalen Steig zwischen den Gartenzäunen. Es war schon dunkel, und man mußte aufpassen, da es viele baufällige Knüppelstufen und heraushängende morsche Zaunlatten gab.

Wir waren schon nahe an unserem Garten und konnten drüben im Haus die Wohnstubenlampe lange brennen sehen.
Da machte eine leise Stimme: »Bst! Bst!«, und meine Schwester bekam Angst. Es war aber unser Fritz, der sich dort verborgen hatte und uns erwartete.
»Passet auf und bleibet stehen!« rief er herüber. Dann zündete er mit einem Schwefelholz eine Lunte an und kam zu uns herüber.
»Schon wieder Feuerwerk?« schalt Lotte.
»Es knallt fast gar nicht«, versicherte Fritz. »Passet nur auf, es ist eine Erfindung von mir.«
Wir warteten, bis die Lunte abgebrannt war. Dann begann es zu knistern und kleine unwillige Funken zu spritzen, wie nasses Schießpulver. Fritz glühte vor Lust.
»Jetzt kommt es, jetzt gleich, zuerst weißes Feuer, dann ein kleiner Knall und eine rote Flamme, dann eine schöne blaue!«
Es kam jedoch nicht so, wie er meinte. Sondern nach einigem Zucken und Sprühen flog plötzlich die ganze Herrlichkeit mit einem kräftigen Paff und Luftdruck als eine weiße Dampfwolke in die Lüfte.
Lotte lachte, und Fritz war unglücklich. Während ich ihn zu trösten suchte, schwebte die dicke Pulverwolke feierlich langsam über die dunklen Gärten hinweg.
»Das Blaue hat man ein wenig sehen können«, fing Fritz an, und ich gab es zu. Dann schilderte er mir fast weinerlich die ganze Konstruktion seines Prachtfeuers, und wie alles hätte gehen sollen.
»Wir machen's noch einmal«, sagte ich.
»Morgen?«
»Nein, Fritz. Nächste Woche dann.«
Ich hätte geradesogut morgen sagen können. Aber ich hatte den Kopf voller Gedanken an die Helene Kurz

und war in dem Wahn befangen, es könnte morgen leicht irgend etwas Glückliches geschehen, vielleicht daß sie am Abend wieder käme oder daß sie mich auf einmal gut leiden könnte. Kurz, ich war jetzt mit Dingen beschäftigt, die mir wichtiger und aufregender vorkamen als alle Feuerwerkskünste der ganzen Welt.

Wir gingen durch den Garten ins Haus und fanden in der Wohnstube die Eltern beim Brettspiel. Das war alles einfach und selbstverständlich und konnte gar nicht anders sein. Und ist doch so anders geworden, daß es mir heute unendlich fern zu liegen scheint. Denn heute habe ich jene Heimat nicht mehr. Das alte Haus, der Garten und die Veranda, die wohlbekannten Stuben, Möbel und Bilder, der Papagei in seinem großen Käfig, die liebe alte Stadt und das ganze Tal ist mir fremd geworden und gehört nicht mehr mir. Mutter und Vater sind gestorben, und die Kinderheimat ist zu Erinnerung und Heimweh geworden; es führt keine Straße mehr dorthin.

Nachts gegen elf Uhr, da ich über einem dicken Band Jean Paul saß, fing meine kleine Öllampe an, trübe zu werden. Sie zuckte und stieß kleine ängstliche Töne aus, die Flamme wurde rot und rußig, und als ich nachschaute und am Dochte schraubte, sah ich, daß kein Öl mehr drin war. Es tat mir leid um den schönen Roman, an dem ich las, aber es ging nicht an, jetzt noch im dunkeln Hause umherzutappen und nach Öl zu suchen.

So blies ich die qualmende Lampe aus und stieg unmutig ins Bett. Draußen hatte sich ein warmer Wind erhoben, der mild in den Tannen und im Syringengebüsche wehte. Im grasigen Hof drunten sang eine Grille. Ich konnte nicht einschlafen und dachte nun wieder an Helene. Es kam mir völlig hoffnungslos vor, von diesem so feinen und herrlichen Mädchen jemals etwas anderes gewinnen zu können als das sehnsüchtige Anschauen, das ebenso wehe wie wohl tat. Mir wurde heiß und elend, wenn ich mir ihr Gesicht und den Klang ihrer tiefen Stimme vorstellte und ihren Gang, den sicheren und energischen Takt ihrer Schritte, mit dem sie am Abend über die Straße und den Marktplatz gegangen war.

Schließlich sprang ich wieder auf, ich war viel zu warm und unruhig, als daß ich hätte schlafen können. Ich ging ans Fenster und sah hinaus. Zwischen strähnigen Schleierwolken schwamm blaß der abnehmende Mond, die Grille sang noch immer im Hof. Am liebsten wäre ich noch eine Stunde draußen herumgelaufen. Aber die Haustür wurde bei uns um zehn Uhr geschlossen, und wenn es etwa einmal passierte, daß sie nach dieser Stunde noch geöffnet und benutzt werden mußte, so war das in unserm Hause stets ein ungewöhnliches, störendes und abenteuerliches Ereignis. Ich wußte auch gar nicht, wo der Hausschlüssel hing.

Da fielen mir vergangene Jahre ein, da ich als halbwüchsiger Bursche das häusliche Leben bei den Eltern zeitweilig als Sklaverei empfunden und mich nächtlich mit schlechtem Gewissen und Abenteurertrotz aus dem Hause geschlichen hatte, um in einer späten Kneipe eine Flasche Bier zu trinken. Dazu hatte ich die nur mit Riegeln geschlossene Hintertüre nach dem Garten zu benützt, dann war ich über den Zaun geklettert und hatte auf dem schmalen Steig zwischen den Nachbargärten hindurch die Straße erreicht.

Ich zog die Hose an, mehr war bei der lauen Luft nicht nötig, nahm die Schuhe in die Hand und schlich barfuß aus dem Hause, stieg über den Gartenzaun und spazierte durch die schlafende Stadt langsam talaufwärts den Fluß entlang, der verhalten rauschte und mit kleinen zitternden Mondspiegellichtern spielte.

Bei Nacht im Freien unterwegs zu sein, unter dem schweigenden Himmel, an einem still strömenden Gewässer, das ist stets geheimnisvoll und regt die Gründe der Seele auf. Wir sind dann unserm Ursprung näher, fühlen Verwandtschaft mit Tier und Gewächs, fühlen dämmernde Erinnerungen an ein vorzeitliches Leben, da noch keine Häuser und Städte gebaut waren und der heimatlos streifende Mensch Wald, Strom und Gebirg, Wolf und Habicht als seinesgleichen, als Freunde oder Todfeinde lieben und hassen konnte. Auch entfernt die Nacht das gewohnte Gefühl eines gemeinschaftlichen Lebens; wenn kein Licht mehr brennt und keine Menschenstimme mehr zu hören ist, spürt der etwa noch Wachende Vereinsamung und sieht sich losgetrennt und auf sich selber gewiesen. Jenes furchtbarste menschliche Gefühl, unentrinnbar allein zu sein, allein zu leben und allein den Schmerz, die Furcht und den Tod schmecken und ertragen zu müssen, klingt dann bei jedem Gedanken leise mit, dem Gesunden und Jungen ein Schatten und eine Mahnung, dem Schwachen ein Grauen.

Ein wenig davon fühlte auch ich, wenigstens schwieg mein Unmut und wich einem stillen Betrachten. Es tat mir weh, daran zu denken, daß die schöne, begehrenswerte Helene wahrscheinlich niemals mit ähnlichen Gefühlen an mich denken werde wie ich an sie; aber ich wußte auch, daß ich am Schmerz einer unerwiderten Liebe nicht zugrunde gehen würde, und ich hatte eine unbestimmte Ahnung davon, daß das geheimnisvolle Leben dunklere Schlünde und ernstere Schicksale berge als die Ferienleiden eines jungen Mannes.

Dennoch blieb mein erregtes Blut warm und schuf ohne meinen Willen aus dem lauen Winde Streichelhände und braunes Mädchenhaar, so daß der späte Gang mich weder müde noch schläfrig machte. Da ging ich über die bleichen Öhmdwiesen zum Fluß hinunter, legte meine Kleidung ab und sprang ins kühle Wasser, dessen rasche Strömung mich sogleich zu Kampf und kräftigem Widerstand nötigte. Ich schwamm eine Viertelstunde flußaufwärts, Schwüle und Wehmut rann mit dem frischen Flußwasser von mir ab, und als ich gekühlt und leicht ermüdet meine Kleider wieder suchte und naß hineinschlüpfte, war mir die Rückkehr zu Haus und Bette leicht und tröstlich.

Nach der Spannung der ersten Tage kam ich allmählich in die stille Selbstverständlichkeit des heimatlichen Lebens hinein. Wie hatte ich mich draußen herumgetrieben, von Stadt zu Stadt, unter vielerlei Menschen, zwischen Arbeit und Träumereien, zwischen Studien und Zechnächten, eine Weile von Brot und Milch und wieder eine Weile von Lektüre und Zigarren lebend, jeden Monat ein anderer! Und hier war es wie vor zehn und wie vor zwanzig Jahren, hier liefen die Tage und Wochen in einem heiter stillen, gleichen Takt dahin. Und ich, der ich fremd geworden und an ein unstetes und vielfältiges Erleben gewöhnt war, paßte nun wieder da hinein, als wäre ich nie fort gewesen, nahm Interesse an Menschen und Sachen, die ich jahrelang durchaus vergessen gehabt hatte, und vermißte nichts von dem, was die Fremde mir gewesen war.

Die Stunden und Tage liefen mir leicht und spurlos hinweg wie Sommergewölk, jeder ein farbiges Bild und jeder ein schweifendes Gefühl, aufrauschend und glänzend und bald nur noch traumhaft nachklingend. Ich goß den Garten, sang mit Lotte, pulverte mit Fritz, ich plauderte mit der Mutter über fremde Städte und mit dem Vater über neue Weltbegebenheiten, ich

las Goethe und las Jacobsen, und eines ging ins andere über und vertrug sich mit ihm, und keines war die Hauptsache.
Die Hauptsache schien mir damals Helene Kurz und meine Bewunderung für sie zu sein. Aber auch das war da wie alles andere, bewegte mich für Stunden und sank für Stunden wieder unter, und ständig war nur mein fröhlich atmendes Lebensgefühl, das Gefühl eines Schwimmers, der auf glattem Wasser ohne Eile und ohne Ziel mühelos und sorglos unterwegs ist. Im Walde schrie der Häher und reiften die Heidelbeeren, im Garten blühten Rosen und feurige Kapuziner, ich nahm teil daran, fand die Welt prächtig und wunderte mich, wie es sein würde, wenn auch ich einmal ein richtiger Mann und alt und gescheit wäre.
Eines Nachmittags kam ein großes Floß durch die Stadt gefahren, darauf sprang ich und legte mich auf einen Bretterhaufen und fuhr ein paar Stunden lang mit flußabwärts, an Höfen und Dörfern vorbei und unter Brücken durch, und über mir zitterte die Luft und kochten schwüle Wolken mit leisem Donner, und unter mir schlug und lachte frisch und schaumig das kühle Flußwasser. Da dachte ich mir aus, die Kurz wäre mit, und ich hätte sie entführt, wir säßen Hand in Hand und zeigten einander die Herrlichkeiten der Welt von hier bis nach Holland hinunter.
Als ich weit unten im Tal das Floß verließ, sprang ich zu kurz und kam bis an die Brust ins Wasser, aber auf dem warmen Heimweg trockneten mir die dampfenden Kleider auf dem Leib. Und als ich bestaubt und müde nach langem Marsch die Stadt wieder erreichte, begegnete mir bei den ersten Häusern Helene Kurz in einer roten Bluse. Da zog ich den Hut, und sie nickte, und ich dachte an meinen Traum, wie sie mit mir Hand in Hand den Fluß hinabreiste und du zu mir

sagte, und diesen Abend lang schien mir wieder alles hoffnungslos, und ich kam mir wie ein dummer Plänemacher und Sterngucker vor. Dennoch rauchte ich vor dem Schlafengehen meine schöne Pfeife, auf deren Kopf zwei grasende Rehe gemalt waren, und las im Wilhelm Meister bis nach elf Uhr.

Und am folgenden Abend ging ich gegen halb neun Uhr mit meinem Bruder Fritz auf den Hochstein hinauf. Wir hatten ein schweres Paket mit, das wir abwechselnd trugen und das ein Dutzend starker Frösche, sechs Raketen und drei große Bombenschläge samt allerlei kleinen Sachen enthielt.

Es war lau, und die bläuliche Luft hing voll feiner, leise hinwehender Florwölkchen, die über Kirchturm und Berggipfel hinwegflogen und die blassen ersten Sternbilder häufig verdeckten. Vom Hochstein herab, wo wir zuerst eine kleine Rast hielten, sah ich unser enges Flußtal in bleichen abendlichen Farben liegen. Während ich die Stadt und das nächste Dorf, Brücken und Mühlwehre und den schmalen, vom Gebüsch eingefaßten Fluß betrachtete, beschlich mich mit der Abendstimmung wieder der Gedanke an das schöne Mädchen, und ich hätte am liebsten einsam geträumt und auf den Mond gewartet. Das ging jedoch nicht an, denn mein Bruder hatte schon ausgepackt und überraschte mich von hinten durch zwei Frösche, die er, mit einer Schnur verbunden und an eine Stange geknüpft, dicht an meinen Ohren losließ.

Ich war ein wenig ärgerlich. Fritz aber lachte so hingerissen und war so vergnügt, daß ich schnell angesteckt wurde und mitmachte. Wir brannten rasch hintereinander die drei extra starken Bombenschläge ab und hörten die gewaltigen Schüsse talauf und talhinab in langem, rollendem Widerhall vertönen. Dann kamen Frösche, Schwärmer und ein großes Feuerrad, und zum Schlusse ließen wir langsam eine nach der andern unserer schönen Raketen in den schwarzgewordenen Nachthimmel steigen.

»So eine rechte, gute Rakete ist eigentlich fast wie ein Gottesdienst«, sagte mein Bruder, der zuzeiten gern in Bildern redete, »oder wie wenn man ein schönes Lied singt, nicht? Es ist so feierlich.«

Unsern letzten Frosch warfen wir auf dem Heimweg am Schindelhof zu dem bösen Hofhund hinein, der entsetzt aufheulte und uns noch eine Viertelstunde lang wütend nachbellte. Dann kamen wir ausgelassen und mit schwarzen Fingern heim, wie zwei Buben, die eine lustige Lumperei verübt haben. Und den Eltern erzählten wir rühmend von dem schönen Abendgang, der Talaussicht und dem Sternenhimmel.

Eines Morgens, während ich am Fensterflur meine Pfeife reinigte, kam Lotte gelaufen und rief: »So, um elfe kommt meine Freundin an.«

»Die Anna Amberg?«

»Jawohl. Gelt, wir holen sie dann ab?«

»Mir ist's recht.«

Die Ankunft des erwarteten Gastes, an den ich gar nimmer gedacht hatte, freute mich nur mäßig. Aber zu ändern war es nicht, also ging ich gegen elf Uhr mit meiner Schwester an die Bahn. Wir kamen zu früh und liefen vor der Station auf und ab.

»Vielleicht fährt sie zweiter Klasse«, sagte Lotte.

Ich sah sie ungläubig an.

»Es kann schon sein. Sie ist aus einem wohlhabenden Haus, und wenn sie auch einfach ist –«

Mir graute. Ich stellte mir eine Dame mit verwöhnten Manieren und beträchtlichem Reisegepäck vor, die aus der zweiten Klasse steigen und mein behagliches Vaterhaus ärmlich und mich selber nicht fein genug finden würde.

»Wenn sie Zweiter fährt, dann soll sie lieber gleich weiterfahren, weißt du.«
Lotte war ungehalten und wollte mich zurechtweisen, da fuhr aber der Zug herein und hielt, und Lotte lief schnell hinüber. Ich folgte ihr ohne Eile und sah ihre Freundin aus einem Wagen dritter Klasse steigen, ausgerüstet mit einem grauseidenen Schirm, einem Plaid und einem bescheidenen Handkoffer.
»Das ist mein Bruder, Anna.«
Ich sagte ›grüß Gott‹, und weil ich trotz der dritten Klasse nicht wußte, wie sie darüber denken würde, trug ich ihren Koffer, so leicht er war, nicht selber fort, sondern winkte den Packträger herbei, dem ich ihn übergab. Dann schritt ich neben den beiden Fräulein in die Stadt und wunderte mich, wieviel sie einander zu erzählen hatten. Aber Fräulein Amberg gefiel mir gut. Zwar enttäuschte es mich ein wenig, daß sie nicht sonderlich hübsch war, doch dafür hatte sie etwas Angenehmes im Gesicht und in der Stimme, das wohltat und Vertrauen erweckte.
Ich sehe noch, wie meine Mutter die beiden an der Glastüre empfing. Sie hatte einen guten Blick für Menschengesichter, und wen sie nach dem ersten prüfenden Anschauen mit ihrem Lächeln willkommen hieß, der konnte sich auf gute Tage gefaßt machen. Ich sehe noch, wie sie der Amberg in die Augen blickte und wie sie ihr dann zunickte und beide Hände gab und sie ohne Worte gleich vertraut und heimisch machte. Nun war meine mißtrauische Sorge wegen des fremden Wesens vergangen, denn der Gast nahm die dargebotene Hand und Freundlichkeit herzhaft und ohne Redensarten an und war von der ersten Stunde an bei uns heimisch.
In meiner jungen Weisheit und Lebenskenntnis stellte ich noch an jenem ersten Tage fest, das angenehme

Mädchen besitze eine harmlose, natürliche Heiterkeit und sei, wenn auch vielleicht wenig lebenserfahren, jedenfalls ein schätzbarer Kamerad. Daß es eine höhere und wertvollere Heiterkeit gebe, die einer nur in Not und Leid erwirbt und mancher nie, das ahnte ich zwar, doch war es mir keine Erfahrung. Und daß unser Gast diese seltene Art versöhnlicher Fröhlichkeit besaß, blieb meiner Beobachtung einstweilen verborgen.

Mädchen, mit denen man kameradschaftlich umgehen und über Leben und Literatur reden konnte, waren in meinem damaligen Lebenskreise Seltenheiten. Die Freundinnen meiner Schwester waren mir bisher stets entweder Gegenstände des Verliebens oder gleichgültig gewesen. Nun war es mir neu und lieblich, mit einer junger Dame ohne Geniertheit umgehen und mit ihr wie mit meinesgleichen über mancherlei plaudern zu können. Denn trotz der Gleichheit spürte ich in Stimme, Sprache und Denkart doch das Weibliche, das mich warm und zart berührte.

Nebenher merkte ich mit einer leisen Beschämung, wie still und geschickt und ohne Aufsehen Anna unser Leben teilte und sich in unsere Art fand. Denn alle meine Freunde, die schon als Feriengäste dagewesen waren, hatten einigermaßen Umstände gemacht und Fremdheit mitgebracht; ja ich selber war in den ersten Tagen nach der Heimkehr lauter und anspruchsvoller als nötig gewesen.

Zuweilen war ich erstaunt, wie wenig Rücksichtnahme Anna von mir verlangte; im Gespräch konnte ich sogar fast grob werden, ohne sie verletzt zu sehen. Wenn ich dagegen an Helene Kurz dachte! Gegen diese hätte ich auch im eifrigsten Gespräch nur behutsame und respektvolle Worte gehabt.

Übrigens kam Helene dieser Tage mehrmals zu uns

und schien die Freundin meiner Schwester gern zu haben. Einmal waren wir alle zusammen bei Onkel Matthäus in den Garten eingeladen. Es gab Kaffee und Kuchen und nachher Stachelbeerwein, zwischenein machten wir gefahrlose Kinderspiele oder lustwandelten ehrbar in den Gartenwegen umher, deren akkurate Sauberkeit von selbst ein gesittetes Benehmen vorschrieb.

Da war es mir sonderbar, Helene und Anna beisammen zu sehen und gleichzeitig mit beiden zu reden. Mit Helene Kurz, die wieder wundervoll aussah, konnte ich nur von oberflächlichen Dingen sprechen, aber ich tat es mit den feinsten Tönen, während ich mit Anna auch über das Interessanteste ohne Aufregung und Anstrengung plauderte. Und indem ich ihr dankbar war und in der Unterhaltung mit ihr ausruhte und mich sicher fühlte, schielte ich doch von ihr weg beständig nach der Schöneren hinüber, deren Anblick mich beglückte und doch immer ungesättigt ließ.

Mein Bruder Fritz langweilte sich elend. Nachdem er genug Kuchen gegessen hatte, schlug er einige derbere Spiele vor, die teils nicht zugelassen, teils schnell wieder aufgegeben wurden. Zwischenein zog er mich auf die Seite und beklagte sich bitter über den faden Nachmittag. Als ich die Achseln zuckte, erschreckte er mich durch das Geständnis, daß er einen Pulverfrosch in der Tasche habe, den er später bei dem üblichen längeren Abschiednehmen der Mädchen loszulassen gedenke. Nur durch inständiges Bitten brachte ich ihn von diesem Vorhaben ab. Darauf begab er sich in den entferntesten Teil des großen Gartens und legte sich unter die Stachelbeerbüsche. Ich aber beging Verrat an ihm, indem ich mit den andern über seinen knabenhaften Unmut lachte, obwohl er mir leid tat und ich ihn gut verstand.

Mit den beiden Kusinen war leicht fertig zu werden. Sie waren unverwöhnt und nahmen auch Bonmots, die längst nicht mehr den Glanz der Neuheit hatten, dankbar und begierig auf. Der Onkel hatte sich gleich nach dem Kaffee zurückgezogen. Tante Berta hielt sich zumeist an Lotte und war, nachdem ich mit ihr über die Zubereitung von eingemachtem Beerenobst konversiert hatte, von mir befriedigt. So blieb ich den beiden Fräulein nahe und machte mir in den Pausen des Gespräches Gedanken darüber, warum mit einem Mädchen, in das man verliebt ist, es sich so viel schwieriger reden lasse als mit andern. Gern hätte ich der Helene irgendeine Huldigung dargebracht, allein es wollte mir nichts einfallen. Schließlich schnitt ich von den vielen Rosen zwei ab und gab die eine Helene, die andere der Anna Amberg.

Das war der letzte ganz harmlose Tag meiner Ferien. Am nächsten Tag hörte ich von einem gleichgültigen Bekannten in der Stadt, die Kurz verkehre neuestens viel in dem und dem Hause, und es werde wohl bald eine Verlobung geben. Er erzählte das nebenher unter andern Neuigkeiten, und ich hütete mich, mir etwas anmerken zu lassen. Aber wenn es auch nur ein Gerücht war, ich hatte ohnehin von Helene wenig zu hoffen gewagt und war nun überzeugt, sie sei mir verloren. Verstört kam ich heim und floh in meine Stube.

Wie die Umstände lagen, konnte bei meiner leichtlebigen Jugend die Trauer nicht gar lange anhalten. Doch war ich mehrere Tage für keine Lustbarkeit zu haben, lief einsame Wege durch die Wälder, lag lange gedankenlos traurig im Haus herum und phantasierte abends bei geschlossenen Fenstern auf der Geige.

»Fehlt dir etwas, mein Junge?« sagte mein Papa zu mir und legte mir die Hand auf die Schulter.

»Ich habe schlecht geschlafen«, antwortete ich, ohne zu

lügen. Mehr brachte ich nicht heraus. Er aber sagte nun etwas, das mir später oft wieder einfiel.

»Eine schlaflose Nacht«, sagte er, »ist immer eine lästige Sache. Aber sie ist erträglich, wenn man gute Gedanken hat. Wenn man daliegt und nicht schläft, ist man leicht ärgerlich und denkt an ärgerliche Dinge. Aber man kann auch seinen Willen brauchen und Gutes denken.«

»Kann man?« fragte ich. Denn ich hatte in den letzten Jahren am Vorhandensein des freien Willens zu zweifeln begonnen.

»Ja, man kann«, sagte mein Vater nachdrücklich.

Die Stunde, in der ich nach mehreren schweigsamen und bitteren Tagen zuerst wieder mich und mein Leid vergaß, mit andern lebte und froh war, ist mir noch deutlich in Erinnerung. Wir saßen alle im Wohnzimmer beim Nachmittagskaffee, nur Fritz fehlte. Die andern waren munter und gesprächig, ich aber hielt den Mund und nahm nicht teil, obwohl ich im geheimen schon wieder ein Bedürfnis nach Rede und Verkehr spürte. Wie es jungen Leuten geht, hatte ich meinen Schmerz mit einer Schutzmauer von Schweigen und abwehrendem Trotz umgeben, die andern hatten mich nach dem guten Brauch unseres Hauses in Ruhe gelassen und meine sichtbare Verstimmung respektiert, und nun fand ich den Entschluß nicht, meine Mauer einzureißen, und spielte, was eben noch echt und notwendig gewesen war, als eine Rolle weiter, mich selber langweilend und auch beschämt über die kurze Dauer meiner Kasteiung.

Da schmetterte unversehens in unsere stille Kaffeetischbehaglichkeit eine Trompetenfanfare hinein, eine kühn und aggressiv geblasene, blitzende Reihe kecker Töne, die uns alle augenblicks von den Stühlen aufriß.

»Es brennt!« rief meine Schwester erschrocken.
»Das wär ein komisches Feuersignal.«
»Dann kommt Einquartierung.«
Indessen waren wir schon alle im Sturm an die Fenster gestürzt. Wir sahen auf der Straße, gerade vor unserem Hause, einen Schwarm von Kindern und mitten darin auf einem großen weißen Roß einen feuerrot gekleideten Trompeter, dessen Horn und Habit in der Sonne gleißend prahlte. Der Wundermensch blickte während des Blasens zu allen Fenstern empor und zeigte dabei ein braunes Gesicht mit einem ungeheuren ungarischen Schnauzbart. Er blies fanatisch weiter, Signale und allerlei spontane Einfälle, bis alle Fenster der Nachbarschaft voll Neugieriger waren. Da setzte er das Instrument ab, strich den Schnurrbart, stemmte die linke Hand in die Hüfte, zügelte mit der rechten das unruhige Pferd und hielt eine Rede. Auf der Durchreise und nur für diesen Tag halte seine weltberühmte Truppe sich im Städtlein auf, und dringenden Wünschen nachgebend werde er heute abend auf dem Brühel eine ›Galavorstellung in dressierte Pferde, höhere Equilibristik sowie eine große Pantomime‹ geben. Erwachsene bezahlen zwanzig Pfennige, Kinder die Hälfte. Kaum hatten wir gehört und alles gemerkt, so stieß der Reiter von neuem in sein blinkendes Horn und ritt davon, vom Kinderschwarm und von einer dicken weißen Staubwolke begleitet.
Das Gelächter und die fröhliche Erregung, die der Kunstreiter mit seiner Verkündigung unter uns erweckt hatte, kam mir zustatten, und ich benützte den Augenblick, meine finstere Schweigsamkeit fahren zu lassen und wieder ein Fröhlicher unter den Fröhlichen zu sein. Sogleich lud ich die beiden Mädchen zur Abendvorstellung ein, der Papa gab nach einigem Widerstreben die Erlaubnis, und wir drei schlenderten

sogleich nach dem Brühel hinunter, um uns den Spektakel einmal von außen anzusehen. Wir fanden zwei Männer damit beschäftigt, eine runde Arena abzustekken und mit einem Strick zu umzäunen, danach begannen sie den Aufbau eines hohen Gerüstes, während nebenan auf der schwebenden Treppe eines grünen Wohnwagens eine schreckliche dicke Alte saß und strickte. Ein hübscher weißer Pudel lag ihr zu Füßen. Indem wir uns das betrachteten, kehrte der Reiter von seiner Stadtreise zurück, band den Schimmel hinterm Wagen an, zog sein rotes Prachtkleid ab und half in Hemdärmeln seinen Kollegen beim Aufbauen.

»Die armen Kerle!« sagte Anna Amberg. Ich wies jedoch ihr Mitleid zurück, nahm die Partei der Artisten und rühmte ihr freies, geselliges Wanderleben in hohen Tönen. Am liebsten, erklärte ich, ginge ich selber mit ihnen, stiege aufs hohe Seil und ginge nach den Vorstellungen mit dem Teller herum.

»Das möchte ich sehen«, lachte sie lustig.

Da nahm ich statt des Tellers meinen Hut, machte die Gesten eines Einsammelnden nach und bat gehorsamst um ein kleines Douceur für den Clown. Sie griff in die Tasche, suchte einen Augenblick unschlüssig und warf mir dann ein Pfennigstück in den Hut, das ich dankend in die Westentasche steckte.

Die eine Weile unterdrückte Fröhlichkeit kam wie eine Betäubung über mich, ich war jenen Tag kindisch ausgelassen, wobei vielleicht die Erkenntnis der eigenen Wandelbarkeit im Spiele war.

Am Abend zogen wir samt Fritz zur Vorstellung aus, schon unterwegs erregt und lustbarlich entzündet. Auf dem Brühel wogte eine Menschenmenge dunkel treibend umher, Kinder standen mit großen erwartenden Augen still und selig. Lausbuben neckten jedermann und stießen einander den Leuten vor die Füße, Zaungäste richteten sich in den Kastanienbäumen ein, und der Polizeidiener hatte den Helm auf. Um die Arena war eine Sitzreihe gezimmert, innen im Kreise stand ein vierarmiger Galgen, an dessen Armen Ölkannen hingen. Diese wurden jetzt angezündet, die Menge drängte näher, die Sitzreihe füllte sich langsam, und über den Platz und die vielen Köpfe taumelte das rot und rußig flammende Licht der Erdölfackeln.

Wir hatten auf einem der Sitzbretter Platz gefunden. Eine Drehorgel ertönte, und in der Arena erschien der Direktor mit einem kleinen schwarzen Pferde. Der Hanswurst kam mit und begann eine durch viele Ohrfeigen unterbrochene Unterhaltung mit jenem, die großen Beifall fand. Es fing so an, daß der Hanswurst irgendeine freche Frage stellte. Mit einer Ohrfeige antwortend, sagte der andere: »Hältst du mich denn für ein Kamel?«

Darauf der Clown: »Nein, Herr Prinzipal. Ich weiß den Unterschied genau, der zwischen einem Kamel und Ihnen ist.«

»So, Clown? Was denn für einer?«

»Herr Prinzipal, ein Kamel kann acht Tage arbeiten, ohne etwas zu trinken. Sie aber können acht Tage trinken, ohne etwas zu arbeiten.«

Neue Ohrfeige, neuer Beifall. So ging es weiter, und während ich mich über die Naivität der Witze und über die Einfalt der dankbaren Zuhörerschaft belustigt wunderte, lachte ich selber mit.

Das Pferdchen machte Sprünge, setzte über eine Bank, zählte auf zwölf und stellte sich tot. Dann kam ein Pudel, der sprang durch Reifen, tanzte auf zwei Beinen und exerzierte militärisch. Dazwischen immer wieder der Clown. Es folgte eine Ziege, ein sehr hübsches Tier, die auf einem Sessel balancierte.

Schließlich wurde der Clown gefragt, ob er denn gar

nichts könne als herumstehen und Witze machen. Da warf er schnell sein weites Hanswurstkleid von sich, stand im roten Trikot da und bestieg das hohe Seil. Er war ein hübscher Kerl und machte seine Sache gut. Und auch ohne das war es ein schöner Anblick, die vom Flammenschein beleuchtete rote Gestalt hoch oben am dunkelblauen Nachthimmel schweben zu sehen.

Die Pantomime wurde, da die Spielzeit schon überschritten sei, nicht mehr aufgeführt. Auch wir waren schon über die übliche Stunde ausgeblieben und traten unverweilt den Heimweg an.

Während der Vorstellung hatten wir uns beständig lebhaft unterhalten. Ich war neben Anna Amberg gesessen, und ohne daß wir anderes als Zufälliges zueinander gesagt hätten, war es so gekommen, daß ich schon jetzt beim Heimgehen ihre warme Nähe ein wenig vermißte.

Da ich in meinem Bett noch lange nicht einschlief, hatte ich Zeit, mir darüber Gedanken zu machen. Sehr unbequem und beschämend war mir dabei die Erkenntnis meiner Treulosigkeit. Wie hatte ich auf die schöne Helene Kurz so schnell verzichten können? Doch legte ich mit einiger Sophistik an diesem Abend und in den nächsten Tagen mir alles reinlich zurecht und löste alle scheinbaren Widersprüche befriedigend.

Noch in derselben Nacht machte ich Licht, suchte in meiner Westentasche das Pfennigstück, das mir Anna heute im Scherz geschenkt hatte, und betrachtete es zärtlich. Es trug die Jahreszahl 1877, war also so alt wie ich. Ich wickelte es in weißes Papier, schrieb die Anfangsbuchstaben A. A. und das heutige Datum darauf und verbarg es im innersten Fach meines Geldbeutels, als einen Glückspfennig.

Die Hälfte meiner Ferienzeit – und bei Ferien ist immer die erste Hälfte die längere – war längst vorüber, und der Sommer fing nach einer heftigen Gewitterwoche schon langsam an, älter und nachdenklicher zu werden. Ich aber, als sei sonst nichts in der Welt von Belang, steuerte verliebt mit flatternden Wimpeln durch die kaum merkbar abnehmenden Tage, belud jeden mit einer goldenen Hoffnung und sah im Übermut jeden kommen und leuchten und gehen, ohne ihn halten zu wollen und ohne ihn zu bedauern.

An diesem Übermut war nächst der unbegreiflichen Sorglosigkeit der Jugend zu einem kleinen Teile auch meine liebe Mutter schuld. Denn ohne ein Wort darüber zu sagen, ließ sie es merken, daß meine Freundschaft mit Anna ihr nicht mißfiel. Der Umgang mit dem gescheiten und wohlgesitteten Mädchen hat mir in der Tat gewiß wohlgetan, und mir schien, es würde auch ein tieferes und näheres Verhältnis mit ihr die Billigung meiner Mama finden. So brauchte es keine Sorge und kein Heimlichtun, und wirklich lebte ich mit Anna nicht anders als mit einer geliebten Schwester.

Allerdings war ich damit noch lange nicht am Ziel meiner Wünsche, und nach einiger Zeit bekam dieser unverändert kameradschaftliche Verkehr gelegentlich etwas fast Peinliches für mich, da ich aus dem klar umzäunten Garten der Freundschaft in das weite freie Land der Liebe hin begehrte und durchaus nicht wußte, wie ich unvermerkt meine arglose Freundin auf diese Wege locken könnte. Doch entstand gerade hieraus für die letzte Zeit meiner Ferien ein köstlich freier, schwebender Zustand zwischen Zufriedensein und Mehrverlangen, der mir wie ein großes Glück im Gedächtnis steht.

So verlebten wir in unserm glücklichen Hause gute Sommertage. Zur Mutter war ich inzwischen wieder in das alte Kindesverhältnis gekommen, so daß ich mit ihr ohne Befangenheit über mein Leben reden, Vergangenes beichten und Pläne für später besprechen konnte. Ich weiß noch, wie wir einmal vormittags in der Laube saßen und Garn wickelten. Ich hatte erzählt, wie es mir mit dem Gottesglauben gegangen war, und hatte mit der Behauptung geendet, wenn ich wieder gläubig werden sollte, müßte erst jemand kommen, dem es gelänge, mich zu überzeugen.

Da lächelte meine Mutter und sah mich an, und nach einigem Besinnen sagte sie: »Wahrscheinlich wird der niemals kommen, der dich überzeugen wird. Aber allmählich wirst du selber erfahren, daß es ohne Glauben im Leben nicht geht. Denn das Wissen taugt ja nichts. Jeden Tag kommt es vor, daß jemand, den man genau zu kennen glaubte, etwas tut, was einem zeigt, daß es mit dem Kennen und Gewißwissen nichts war. Und doch braucht der Mensch ein Vertrauen und eine Sicherheit. Und da ist es immer besser, zum Heiland zu gehen als zu einem Professor oder zum Bismarck oder sonst zu jemand.«

»Warum?« fragte ich. »Vom Heiland weiß man ja auch nicht so viel Gewisses.«

»Oh, man weiß genug. Und dann – es hat im Lauf der Zeiten hie und da einen einzelnen Menschen gegeben, der mit Selbstvertrauen und ohne Angst gestorben ist. Das erzählt man vom Sokrates und von ein paar andern; viele sind es nicht. Es sind sogar sehr wenige, und wenn sie ruhig und getrost haben sterben können, so war es nicht wegen ihrer Gescheitheit, sondern weil sie rein im Herzen und Gewissen waren. Also gut, diese paar Leute sollen, jeder für sich, recht haben. Aber wer von uns ist wie sie? Gegen diese wenigen aber siehst du auf der andern Seite Tausende und Tausende, arme und gewöhnliche Menschen, die trotzdem willig und getrost haben sterben können, weil sie an den Heiland glaubten. Dein Großvater ist vierzehn Monate in Schmerzen und Elend gelegen, ehe er erlöst wurde, und hat nicht geklagt und hat die Schmerzen und den Tod fast fröhlich gelitten, weil er am Heiland seinen Trost hatte.«

Und zum Schluß meinte sie: »Ich weiß gut, daß das dich nicht überzeugen kann. Der Glaube geht nicht durch den Verstand, so wenig wie die Liebe. Du wirst aber einmal erfahren, daß der Verstand nicht zu allem hinreicht, und wenn du so weit bist, wirst du in der Not nach allem langen, was wie ein Trost aussieht. Vielleicht fällt dir dann manches wieder ein, was wir heut geredet haben.«

Dem Vater half ich im Garten, und oft holte ich ihm auf Spaziergängen in einem Säcklein Walderde für seine Topfblumen. Mit Fritz erfand ich neue Feuerkünste und verbrannte mir die Finger beim Loslassen. Mit Lotte und mit Anna Amberg brachte ich halbe Tage in den Wäldern zu, half Beeren pflücken und Blumen suchen, las Bücher vor und entdeckte neue Spaziergänge.

Die schönen Sommertage gingen einer um den andern hin. Ich hatte mich daran gewöhnt, fast immer in Annas Nähe zu sein, und wenn ich daran dachte, daß das nun bald sein Ende haben müsse, zogen schwere Wolken über meinen blauen Ferienhimmel.

Und wie denn alles Schöne und auch das Köstlichste nur zeitlich ist und sein gesetztes Ziel hat, so entrann Tag um Tag auch dieser Sommer, der mir in der Erinnerung meine ganze Jugend zu beschließen scheint. Man begann von meiner baldigen Abreise zu sprechen. Die Mutter nahm noch einmal meinen Besitz an Wäsche und Kleidern prüfend durch, flickte einiges und schenkte mir am Tage des Einpackens zwei Paar guter grauwollener Socken, die sie selber gestrickt hatte und

von denen wir beide nicht wußten, daß sie ihr letztes Geschenk an mich waren.
Lang gefürchtet und doch überraschend kam endlich der letzte Tag herauf, ein hellblauer Spätsommertag mit zärtlich flatternden Spitzenwölklein und einem sanften Südostwinde, der im Garten mit den noch zahlreich blühenden Rosen spielte und schwer mit Duft beladen gegen Mittag müd wurde und einschlief. Da ich beschlossen hatte, noch den ganzen Tag auszunützen und erst spät am Abend abzureisen, wollten wir Jungen den Nachmittag noch auf einen schönen Ausflug verwenden. So blieben die Morgenstunden für die Eltern übrig, und ich saß zwischen beiden auf dem Kanapee in Vaters Studierstube. Der Vater hatte mir noch einige Abschiedsgaben aufgespart, die er mir nun freundlich und mit einem scherzhaften Ton, hinter dem er seine Bewegung verbarg, überreichte. Es war ein kleines altmodisches Beutelein mit einigen Talern, eine in der Tasche tragbare Schreibfeder und ein nett eingebundenes Heftlein, das er selber hergestellt und worin er mir ein Dutzend guter Lebenssprüche mit seiner strengen lateinischen Schrift geschrieben hatte. Mit den Talern empfahl er mir zu sparen, aber nicht zu geizen, mit der Feder bat er mich recht oft heimzuschreiben, und wenn ich einen neuen guten Spruch an mir bewährt fände, ihn ins Heftlein zu den andern zu notieren, die er im eigenen Leben brauchbar und wahr erfunden habe.
Zwei Stunden und darüber saßen wir beisammen, und die Eltern erzählten mir manches aus meiner eigenen Kindheit, aus ihrer und ihrer Eltern Leben, das mir neu und wichtig war. Vieles habe ich vergessen, und da meine Gedanken zwischenein immer wieder zu Anna entrannen, mag ich manches ernste und wichtige Wort nur halb gehört und geachtet haben. Geblieben

aber ist mir eine starke Erinnerung an diesen Morgen im Studierzimmer, und geblieben ist mir eine tiefe Dankbarkeit und Verehrung für meine beiden Eltern, die ich heute in einem reinen, heiligen Lichte sehe, das für meine Augen keinen anderen Menschen umgibt.

Damals aber ging mir der Abschied, den ich am Nachmittag zu nehmen hatte, weit näher. Bald nach dem Mittagessen machte ich mich mit den beiden Mädchen auf den Weg, über den Berg nach einer schönen Waldschlucht, einem schroffen Seitentale unseres Flusses.

Anfangs machte meine bedrückte Stimmung auch die andern nachdenklich und schweigsam. Erst auf der Berghöhe, von wo zwischen hohen roten Föhrenstämmen das schmale gewundene Tal und ein weites waldgrünes Hügelland zu sehen war und wo hochstielige Kerzenblumen im Winde schwankten, riß ich mich mit einem Juchzer aus der Befangenheit los. Die Mädchen lachten und stimmten sofort ein Wanderlied an; es war ›O Täler weit, o Höhen‹, ein altes Lieblingslied unserer Mutter, und beim Mitsingen fielen mir eine Menge fröhlicher Waldausflüge aus Kinderzeiten und vergangenen Feriensommern ein. Von diesen und von der Mutter fingen wir denn auch wie verabredet zu sprechen an, sobald der letzte Vers verklungen war. Wir sprachen von diesen Zeiten mit Dank und Stolz, denn wir haben eine herrliche Jugend- und Heimatzeit gehabt, und ich ging mit Lotte Hand in Hand, bis Anna sich lachend anschloß. Da schritten wir die ganze den Bergrücken entlang führende Straße händeschwingend zu dreien in einer Art von Tanz dahin, daß es eine Freude war.

Dann stiegen wir auf einem steilen Fußpfad seitwärts in die finstere Schlucht eines Baches hinab, der von weitem hörbar über Geröll und Felsen sprang. Weiter oben am Bache lag eine beliebte Sommerwirtschaft, in welche ich die beiden zu Kaffee und Eis und Kuchen eingeladen hatte. Bergab und den Bach entlang mußten wir hintereinander gehen, und ich blieb hinter Anna, betrachtete sie und sann auf eine Möglichkeit, sie heute noch allein zu sprechen.

Schließlich fiel mir eine List ein. Wir waren unserm Ziel schon nahe an einer grasigen Uferstelle, die voll von Bachnelken stand. Da bat ich Lotte, vorauszugehen und Kaffee zu bestellen und einen hübschen Gartentisch für uns decken zu lassen, während ich mit Anna einen großen Waldstrauß machen wolle, da es gerade hier so schön und blumig sei. Lotte fand den Vorschlag gut und ging voraus. Anna setzte sich auf ein moosiges Felsstück und begann Farnkraut zu brechen.

»Also das ist mein letzter Tag«, fing ich an.

»Ja, es ist schade. Aber Sie kommen ja sicher bald einmal wieder heim, nicht?«

»Wer weiß? Jedenfalls im nächsten Jahr nicht, und wenn ich auch wiederkomme, so ist doch nicht mehr alles wie diesmal.«

»Warum nicht?«

»Ja, wenn Sie dann auch gerade wieder da wären!«

»Das wäre schließlich nicht unmöglich. Aber meinetwegen sind Sie ja doch auch diesmal nicht heimgekommen.«

»Weil ich Sie noch gar nicht gekannt habe, Fräulein Anna.«

»Allerdings. Aber Sie helfen mir gar nicht! Geben Sie mir wenigstens ein paar von den Bachnelken dort.«

Da nahm ich mich zusammen.

»Nachher so viel Sie wollen. Aber im Augenblick ist mir etwas anderes zu wichtig. Sehen Sie, ich habe jetzt ein paar Minuten mit Ihnen allein, und darauf hab ich den ganzen Tag gewartet. Denn – weil ich doch heute reisen muß, wissen Sie – also kurz, ich wollte Sie fragen, Anna – –«

Sie sah mich an, ihr gescheites Gesicht war ernst und beinahe bekümmert.

»Warten Sie!« unterbrach sie meine hilflose Rede. »Ich glaube, ich weiß schon, was Sie mir sagen wollen. Und jetzt bitte ich Sie herzlich, sagen Sie's nicht!«

»Nicht?«

»Nein, Hermann. Ich kann Ihnen jetzt nicht erzählen, warum das nicht sein darf, doch dürfen Sie es gern wissen. Fragen Sie später einmal Ihre Schwester, die weiß alles. Unsere Zeit ist jetzt zu kurz, und es ist eine traurige Geschichte, und heut wollen wir nicht traurig sein. Wir wollen jetzt unsern Strauß machen, bis Lotte wiederkommt. Und im übrigen wollen wir gute Freunde bleiben und heute noch miteinander fröhlich sein. Wollen Sie?«

»Ich wollte schon, wenn ich könnte.«

»Nun dann, so hören Sie. Mir geht es wie Ihnen; ich habe einen lieb und kann ihn nicht bekommen. Aber wem es so geht, der muß alle Freundschaft und alles Gute und Frohe, was er sonst etwa haben kann, doppelt festhalten, nicht wahr? Drum sage ich, wir wollen gut Freund bleiben und wenigstens noch diesen letzten Tag einander fröhliche Gesichter zeigen. Wollen wir?«

Da sagte ich leise ja, und wir gaben einander die Hände darauf. Der Bach lärmte und jubelte und spritzte feine Tropfen zu uns herauf, unser Strauß wurde groß und farbig, und es dauerte nicht lange, da sang und rief meine Schwester uns schon wieder entgegen. Als sie bei uns war, tat ich, als wollte ich trinken, kniete am Bachrand hin und tauchte Stirn und Augen eine kleine

Weile in das kalt strömende Wasser. Dann nahm ich den Strauß zur Hand, und wir gingen miteinander den kurzen Weg bis zur Wirtschaft.

Dort stand unter einem Ahornbaum ein Tisch für uns gedeckt, es gab Eis und Kaffee und Biskuits, die Wirtin hieß uns willkommen, und zu meiner eigenen Verwunderung konnte ich sprechen und Antwort geben und essen, als wäre alles gut. Ich wurde fast fröhlich, hielt eine kleine Tischrede und lachte ohne Zwang mit, wenn gelacht wurde.

Ich will es Anna nicht vergessen, wie einfach und lieb und tröstlich sie mir über das Demütigende und Traurige an jenem Nachmittag hinweggeholfen hat. Ohne merken zu lassen, daß etwas zwischen ihr und mir vorgefallen sei, behandelte sie mich mit einer schönen Freundschaftlichkeit, die mir meine Haltung bewahren half und mich nötigte, ihr älteres und tieferes Leid und die Art, wie sie es heiter trug, hoch zu achten.

Das enge Waldtal füllte sich mit frühen Abendschatten, als wir aufbrachen. In der Höhe aber, die wir rasch erstiegen, holten wir die sinkende Sonne wieder ein und schritten noch eine Stunde lang in ihrem warmen Licht, bis wir sie beim Niederstieg zur Stadt nochmals aus den Augen verloren. Ich sah ihr nach, wie sie schon groß und rötlich zwischen schwarzen Tannenwipfeln stand, und dachte daran, daß ich sie morgen weit von hier an fremden Orten wiedersehen würde.

Abends, nachdem ich vom ganzen Hause Abschied genommen hatte, gingen Lotte und Anna mit mir auf den Bahnhof und winkten mir nach, als ich im Zug war und der eingebrochenen Finsternis entgegenfuhr.

Ich stand am Wagenfenster und schaute auf die Stadt hinaus, wo schon Laternen und helle Fenster leuchteten. In der Nähe unseres Gartens nahm ich eine starke, blutrote Helle wahr. Da stand mein Bruder Fritz und hatte in jeder Hand ein bengalisches Licht, und in dem Augenblick, da ich winkte und an ihm vorbeifuhr, ließ er eine Rakete senkrecht aufsteigen. Hinauslehnend sah ich sie steigen und innehalten, einen weichen Bogen beschreiben und in einem roten Funkenregen vergehen.

Der Zyklon

Es war in der Mitte der neunziger Jahre, und ich tat damals Volontärdienst in einer kleinen Fabrik meiner Vaterstadt, die ich noch im selben Jahre für immer verließ. Ich war etwa achtzehn Jahre alt und wußte nichts davon, wie schön meine Jugend sei, obwohl ich sie täglich genoß und um mich her fühlte wie der Vogel die Luft. Ältere Leute, die sich der Jahrgänge im einzelnen nimmer besinnen mögen, brauche ich nur daran zu erinnern, daß in dem Jahre, von dem ich erzähle, unsere Gegend von einem Zyklon oder Wettersturm heimgesucht wurde, dessengleichen in unserem Lande weder vorher noch später gesehen worden ist. In jenem Jahre ist es gewesen. Ich hatte mir vor zwei oder drei Tagen einen Stahlmeißel in die linke Hand gehauen. Sie hatte ein Loch und war geschwollen, ich mußte sie verbunden tragen und durfte nicht in die Werkstatt gehen.

Es ist mir erinnerlich, daß jenen ganzen Spätsommer hindurch unser enges Tal in einer unerhörten Schwüle lag und daß zuweilen tagelang ein Gewitter dem andern folgte. Es war eine heiße Unruhe in der Natur, von welcher ich freilich nur dumpf und unbewußt berührt wurde und deren ich mich doch noch in Kleinigkeiten entsinne. Abends zum Beispiel, wenn ich zum Angeln ging, fand ich von der wetterschwülen Luft die Fische seltsam aufgeregt, sie drängten unordentlich durcheinander, schlugen häufig aus dem lauen Wasser empor und gingen blindlings an die Angel. Nun war es endlich ein wenig kühler und stiller geworden, die

Gewitter kamen seltener, und in der Morgenfrühe roch es schon ein wenig herbstlich.
Eines Morgens verließ ich unser Haus und ging meinem Vergnügen nach, ein Buch und ein Stück Brot in der Tasche. Wie ich es in der Bubenzeit gewohnt gewesen war, lief ich zuerst hinters Haus in den Garten, der noch im Schatten lag. Die Tannen, die mein Vater gepflanzt und die ich selber noch ganz jung und stangendünn gekannt hatte, standen hoch und stämmig, unter ihnen lagen hellbraune Nadelhaufen, und es wollte dort seit Jahren nichts mehr wachsen als Immergrün. Daneben aber in einer langen schmalen Rabatte standen die Blumenstauden meiner Mutter, die leuchteten reich und fröhlich, und es wurden von ihnen auf jeden Sonntag große Sträuße gepflückt. Da war ein Gewächs mit zinnoberroten Bündeln kleiner Blüten, das hieß brennende Liebe, und eine zarte Staude trug an dünnen Stengeln hängend viele herzförmige rote und weiße Blumen, die nannte man Frauenherzen, und ein anderer Strauch hieß die stinkende Hoffart. Nahebei standen hochstielige Astern, welche aber noch nicht zur Blüte gekommen waren, und dazwischen kroch am Boden mit weichen Stacheln die fette Hauswurz und der drollige Portulak, und dieses lange schmale Beet war unser Liebling und unser Traumgarten, weil da so vielerlei seltsame Blumen beieinander standen, welche uns merkwürdiger und lieber waren als alle Rosen in den beiden runden Beeten. Wenn hier die Sonne schien und auf der Efeumauer glänzte, dann hatte jede Staude ihre ganz eigene Art und Schönheit, die Gladiolen prahlten fett mit grellen Farben, der Heliotrop stand grau und wie verzaubert in seinen schmerzlichen Duft versunken, der Fuchsschwanz hing ergeben welkend herab, die Akelei aber stellte sich auf die Zehen und läutete mit ihren vierfältigen Sommer-

glocken. An den Goldruten und im blauen Phlox schwärmten laut die Bienen, und über dem dicken Efeu rannten kleine braune Spinnen heftig hin und wider; über den Levkoien zitterten in der Luft jene raschen, launisch schwirrenden Schmetterlinge mit dicken Leibern und gläsernen Flügeln, die man Schwärmer oder Taubenschwänze heißt.

In meinem Feiertagsbehagen ging ich von einer Blume zur andern, roch da und dort an einer duftenden Dolde oder tat mit vorsichtigem Finger einen Blütenkelch auf, um hineinzuschauen und die geheimnisvollen bleichfarbenen Abgründe und die stille Ordnung von Adern und Stempeln, von weichhaarigen Fäden und kristallenen Rinnen zu betrachten. Dazwischen studierte ich den wolkigen Morgenhimmel, wo ein sonderbar verwirrtes Durcheinander von streifigen Dunstfäden und wollig flockigen Wölkchen herrschte. Mir schien, es werde gewiß heute wieder einmal ein Gewitter geben, und ich nahm mir vor, am Nachmittag ein paar Stunden zu angeln. Eifrig wälzte ich, in der Hoffnung, Regenwürmer zu finden, ein paar Tuffsteine aus der Wegeinfassung beiseite, aber es krochen nur Scharen von grauen, trockenen Mauerasseln hervor und flüchteten verstört nach allen Seiten.

Ich besann mich, was nun zu unternehmen sei, und es wollte mir nicht sogleich etwas einfallen. Vor einem Jahre, als ich zum letztenmal Ferien gehabt hatte, da war ich noch ganz ein Knabe gewesen. Was ich damals am liebsten getrieben hatte, mit Haselnußbogen ins Ziel schießen, Drachen steigen lassen und die Mauslöcher auf den Feldern mit Schießpulver sprengen, das hatte alles den damaligen Reiz und Schimmer nicht mehr, als sei ein Teil meiner Seele müde geworden und antworte nimmer auf die Stimmen, die ihr einst lieb waren und Freude brachten.

Verwundert und in einer stillen Beklemmung blickte ich in dem wohlbekannten Bezirk meiner Knabenfreuden umher. Der kleine Garten, die blumengeschmückten Altane und der feuchte sonnenlose Hof mit seinem moosgrünen Pflaster sahen mich an und hatten ein anderes Gesicht als früher, und sogar die Blumen hatten etwas von ihrem unerschöpflichen Zauber eingebüßt. Schlicht und langweilig stand in der Gartenecke das alte Wasserfaß mit der Leitungsröhre; da hatte ich früher zu meines Vaters Pein halbe Tage lang das Wasser laufen lassen und hölzerne Mühlräder eingespannt, ich hatte auf dem Wege Dämme gebaut und Kanäle und mächtige Überschwemmungen veranstaltet. Das verwitterte Wasserfaß war mir ein treuer Liebling und Zeitvertreiber gewesen, und indem ich es ansah, zuckte sogar ein Nachhall jener Kinderwonne in mir auf, allein sie schmeckte traurig, und das Faß war kein Quell, kein Strom und kein Niagara mehr.

Nachdenklich kletterte ich über den Zaun, eine blaue Windenblüte streifte mir das Gesicht, ich riß sie ab und steckte sie in den Mund. Ich war nun entschlossen, einen Spaziergang zu machen und vom Berg herunter auf unsere Stadt zu sehen. Spazierengehen war auch so ein halbfrohes Unternehmen, das mir in früheren Zeiten niemals in den Sinn gekommen wäre. Ein Knabe geht nicht spazieren. Er geht in den Wald als Räuber, als Ritter oder Indianer, er geht an den Fluß als Flößer und Fischer oder Mühlenbauer, er läuft in die Wiesen zur Schmetterlings- und Eidechsenjagd. Und so erschien mir mein Spaziergang als das würdige und etwas langweilige Tun eines Erwachsenen, der nicht recht weiß, was er mit sich anzufangen hat.

Meine blaue Winde war bald welk und weggeworfen, und ich nagte jetzt an einem Buchsbaumzweig, den ich mir abgerissen hatte, er schmeckte bitter und gewürzig. Beim Bahndamm, wo der hohe Ginster stand, lief mir eine grüne Eidechse vor den Füßen weg, da wachte doch das Knabentum wieder in mir auf, und ich ruhte nicht und lief und schlich und lauerte, bis ich das ängstliche Tier sonnenwarm in meinen Händen hielt. Ich sah ihm in die blanken kleinen Edelsteinaugen und fühlte mit einem Nachhall ehemaliger Jagdseligkeit den geschmeidig kräftigen Leib und die harten Beine zwischen meinen Fingern sich wehren und stemmen. Dann aber war die Lust erschöpft, und ich wußte nimmer, was ich mit dem gefangenen Tier beginnen sollte. Es war nichts damit, es war kein Glück mehr dabei. Ich bückte mich nieder und öffnete meine Hand, die Eidechse hielt verwundert einen Augenblick mit heftig atmenden Flanken still und verschwand eifrig im Grase. Ein Zug fuhr auf den glänzenden Eisenschienen daher und an mir vorbei, ich sah ihm nach und fühlte einen Augenblick ganz klar, daß mir hier keine wahre Lust mehr blühen könne, und wünschte inbrünstig, mit diesem Zuge fort und in die Welt zu fahren.

Ich hielt Umschau, ob nicht der Bahnwärter in der Nähe sei, und da nichts zu sehen noch zu hören war, sprang ich schnell über die Geleise und kletterte jenseits an den hohen roten Sandsteinfelsen empor, in welchen da und dort noch die geschwärzten Sprenglöcher vom Bahnbau her zu sehen waren. Der Durchschlupf nach oben war mir bekannt, ich hielt mich an den zähen, schon verblühten Ginsterbesen fest. In dem roten Gestein atmete eine trockene Sonnenwärme, der heiße Sand rieselte mir beim Klettern in die Ärmel, und wenn ich über mich sah, stand über der senkrechten Steinwand erstaunlich nah und fest der warme leuchtende Himmel. Und plötzlich war ich oben, ich konnte mich an dem Steinrande aufstemmen, die Knie nachziehen, mich an einem dünnen, dornigen Akazienstämmchen festhalten und war nun auf einem verlorenen, steil ansteigenden Graslande.

Diese stille kleine Wildnis, unter welcher in steiler Verkürzung die Eisenbahnzüge wegfahren, war mir früher ein lieber Aufenthalt gewesen. Außer dem zähen, verwilderten Grase, das nicht gemäht werden konnte, wuchsen hier kleine, feindornige Rosensträucher und ein paar vom Winde ausgesäte, kümmerliche Akazienbäumchen, durch deren dünne, transparente Blätter die Sonne schien. Auf dieser Grasinsel, die auch von oben her durch ein rotes Felsenband abgeschnitten war, hatte ich einst als Robinson gehaust, der einsame Landstrich gehörte niemandem, als wer den Mut und die Abenteuerlaune hatte, ihn durch senkrechtes Klettern zu erobern. Hier hatte ich als Zwölfjähriger mit dem Meißel meinen Namen in den Stein gehauen, hier hatte ich einst die Rosa von Tannenburg gelesen und ein kindliches Drama gedichtet, das vom tapferen Häuptling eines untergehenden Indianerstammes handelte.

Das sonnverbrannte Gras hing in bleichen, weißlichen Strähnen an der steilen Halde, das durchglühte Ginsterlaub roch stark und bitter in der windstillen Wärme. Ich streckte mich in die trockene Dürre, sah die feinen Akazienblätter in ihrer peinlich zierlichen Anordnung grell durchsonnt in dem satten blauen Himmel ruhen und dachte nach. Es schien mir die rechte Stunde zu sein, um mein Leben und meine Zukunft vor mir auszubreiten.

Doch vermochte ich nichts Neues zu entdecken. Ich sah nur die merkwürdige Verarmung, die mich von allen Seiten bedrohte, das unheimliche Erblassen und Hinwelken erprobter Freuden und liebgewordener Gedanken. Für das, was ich widerwillig hatte hingeben müssen, für die ganze verlorene Knabenseligkeit war mein Beruf mir kein Ersatz, ich liebte ihn wenig und bin ihm auch nicht lange treu geblieben. Er war für mich nichts als ein Weg in die Welt hinaus, wo ohne Zweifel neue Befriedigungen zu finden wären. Welcher Art konnten diese sein?

Man konnte die Welt sehen und Geld verdienen, man brauchte Vater und Mutter nimmer zu fragen, ehe man etwas tat und unternahm, man konnte sonntags Kegel schieben und Bier trinken. Dieses alles aber, sah ich wohl, waren nur Nebensachen und keineswegs der Sinn des neuen Lebens, das mich erwartete. Der eigentliche Sinn lag anderswo, tiefer, schöner, geheimnisvoller, und er hing, so fühlte ich, mit den Mädchen und mit der Liebe zusammen. Da mußte eine tiefe Lust und Befriedigung verborgen sein, sonst wäre das Opfer der Knabenfreuden ohne Sinn gewesen.

Von der Liebe wußte ich wohl, ich hatte manches Liebespaar gesehen und wunderbar berauschende Liebesdichtungen gelesen. Ich hatte mich auch selber schon mehrere Male verliebt und in Träumen etwas von der Süßigkeit empfunden, um die ein Mann sein Leben einsetzt und die der Sinn seines Tuns und Strebens ist. Ich hatte Schulkameraden, die schon jetzt mit Mädchen gingen, und ich hatte in der Werkstatt Kollegen, die von den sonntäglichen Tanzböden und von nächtlich erstiegenen Kammerfenstern ohne Scheu zu erzählen wußten. Mir selbst war die Liebe noch ein verschlossener Garten, vor dessen Pforte ich in schüchterner Sehnsucht wartete.

Erst in der letzten Woche, kurz vor meinem Unfall mit dem Meißel, war der erste klare Ruf an mich ergangen, und seitdem war ich in diesem unruhig nachdenklichen Zustande eines Abschiednehmenden, seitdem war mein bisheriges Leben mir zur Vergangenheit und war der Sinn der Zukunft mir deutlich geworden. Unser zweiter Lehrbube hatte mich eines Abends beiseite genommen und mir auf dem Heimwege berichtet, er wisse mir eine schöne Liebste, sie habe noch keinen Schatz gehabt und wolle keinen andern als mich, und sie habe einen seidenen Geldbeutel gestrickt, den wolle sie mir schenken. Ihren Namen wollte er nicht sagen, ich werde ihn schon selber erraten können. Als ich dann drängte und fragte und schließlich geringschätzig tat, blieb er stehen — wir waren eben auf dem Mühlensteg überm Wasser — und sagte leise: »Sie geht gerade hinter uns.« Verlegen drehte ich mich um, halb hoffend und halb fürchtend, es sei doch alles nur ein dummer Scherz. Da kam hinter uns die Brückenstufen herauf ein junges Mädchen aus der Baumwollspinnerei gegangen, die Berta Vögtlin, die ich vom Konfirmandenunterricht her noch kannte. Sie blieb stehen, sah mich an und lächelte und wurde langsam rot, bis ihr ganzes Gesicht in Flammen stand. Ich lief schnell weiter und nach Hause.

Seither hatte sie mich zweimal aufgesucht, einmal in der Spinnerei, wo wir Arbeit hatten, und einmal abends beim Heimgehen, doch hatte sie nur grüß Gott gesagt und dann: »Auch schon Feierabend?« Das bedeutet, daß man ein Gespräch anzuknüpfen willens ist; ich hatte aber nur genickt und ja gesagt und war verlegen fortgegangen.

An dieser Geschichte hingen nun meine Gedanken fest und fanden sich nicht zurecht. Ein hübsches Mädchen liebzuhaben, davon hatte ich schon oft mit tiefem Verlangen geträumt. Da war nun eine, hübsch und blond und etwas größer als ich, die wollte von mir geküßt sein und in meinen Armen ruhen. Sie war groß und kräftig gewachsen, sie war weiß und rot und hübsch von Gesicht, an ihrem Nacken spielte schattiges Haargekräusel, und ihr Blick war voll Erwartung und Liebe.

Aber ich hatte nie an sie gedacht, ich war nie in sie verliebt gewesen, ich war ihr nie in zärtlichen Träumen nachgegangen und hatte nie mit Zittern ihren Namen in mein Kissen geflüstert. Ich durfte sie, wenn ich wollte, liebkosen und zu eigen haben, aber ich konnte sie nicht verehren und nicht vor ihr knien und anbeten. Was sollte daraus werden? Was sollte ich tun?
Unmutig stand ich von meinem Graslager auf. Ach, es war eine üble Zeit. Wollte Gott, mein Fabrikjahr wäre schon morgen um und ich könnte wegreisen, weit von hier, und neu anfangen und das alles vergessen.
Um nur etwas zu tun und mich leben zu fühlen, beschloß ich, vollends auf den Berg zu steigen, so mühsam es von hier aus war. Da droben war man hoch über dem Städtchen und konnte in die Ferne sehen. Im Sturm lief ich die Halde hinan bis zum oberen Felsen, klemmte mich zwischen den Steinen empor und zwängte mich auf das hohe Gelände, wo der unwirtliche Berg in Gesträuch und lockeren Felstrümmern verlief. In Schweiß und Atemklemme kam ich hinan und atmete befreiter im schwachen Luftzug der sonnigen Höhe. Verblühende Rosen hingen locker an den Ranken und ließen müde Blätter sinken, wenn ich vorüberstreifte. Grüne kleine Brombeeren wuchsen überall und hatten nur an der Sonnenseite den ersten schwachen Schimmer von metallischem Braun. Distelfalter flogen ruhig in der stillen Wärme einher und zogen Farbenblitze durch die Luft, auf einer bläulich überhauchten Schafgarbendolde saßen zahllose rot und schwarz gefleckte Käfer, eine sonderbare lautlose Versammlung, und bewegten automatenhaft ihre langen, hageren Beine. Vom Himmel waren längst alle Wolken verschwunden, er stand in reinem Blau, von den schwarzen Tannenspitzen der nahen Waldberge scharf durchschnitten.

Auf dem obersten Felsen, wo wir als Schulknaben stets unsere Herbstfeuer angezündet hatten, hielt ich an und wendete mich um. Da sah ich tief im halbschattigen Tale den Fluß aufglänzen und die weißschaumigen Mühlenwehre blitzen, und eng in die Tiefe gebettet unsere alte Stadt mit braunen Dächern, über denen still und steil der blaue mittägliche Herdrauch in die Lüfte stieg. Da stand meines Vaters Haus und die alte Brücke, da stand unsere Werkstatt, in der ich klein und rot das Schmiedefeuer glimmen sah, und weiter flußab die Spinnerei, auf deren flachem Dache Gras wuchs und hinter deren blanken Scheiben mit vielen andern auch die Berta Vögtlin ihrer Arbeit nachging. Ach die! Ich wollte nichts von ihr wissen.

Die Vaterstadt sah wohlbekannt in der alten Vertrautheit zu mir herauf mit allen Gärten, Spielplätzen und Winkeln, die goldenen Zahlen der Kirchenuhr glänzten listig in der Sonne auf, und im schattigen Mühlkanal standen Häuser und Bäume klar in kühler Schwärze gespiegelt. Nur ich selber war anders geworden, und nur an mir lag es, daß zwischen mir und diesem Bilde ein gespenstischer Schleier der Entfremdung hing. In diesem kleinen Bezirk von Mauern, Fluß und Wald lag mein Leben nicht mehr sicher und zufrieden eingeschlossen, es hing wohl noch mit starken Fäden an diese Stätten geknüpft, war aber nicht mehr eingewachsen und umfriedet, sondern schlug überall mit Wogen der Sehnsucht über die engen Grenzen ins Weite. Indem ich mit einer eigentümlichen Trauer hinuntersah, stiegen alle meine geheimen Lebenshoffnungen feierlich in meinem Gemüte auf, Worte meines Vaters und Worte der verehrten Dichter zusammen mit meinen eigenen heimlichen Gelübden, und es schien mir eine ernsthafte, doch köstliche Sache, ein Mann zu werden und mein eigenes Schicksal bewußt in Händen zu halten. Und alsbald fiel dieser Gedanke wie ein Licht in die Zweifel, die mich wegen der Angelegenheit mit Berta Vögtlin bedrängten. Mochte sie hübsch sein und mich gern haben; es war nicht meine Sache, das Glück so fertig und unerworben mir von Mädchenhänden schenken zu lassen.

Es war nicht mehr lange bis Mittag. Die Lust am Klettern war mir verflogen, nachdenklich stieg ich den Fußweg nach der Stadt hinab, unter der kleinen Eisenbahnbrücke durch, wo ich in früheren Jahren jeden Sommer in den dichten Brennesseln die dunkeln pelzigen Raupen der Pfauenaugen erbeutet hatte, und an der Friedhofmauer vorbei, vor deren Pforte ein moosiger Nußbaum dichten Schatten streute. Das Tor stand offen, und ich hörte von drinnen den Brunnen plätschern. Gleich nebenan lag der Spiel- und Festplatz der Stadt, wo beim Maienfest und am Sedanstag gegessen und getrunken, geredet und getanzt wurde. Jetzt lag er still und vergessen im Schatten der uralten, mächtigen Kastanien, mit grellen Sonnenflecken auf dem rötlichen Sande.

Hier unten im Tal, auf der sonnigen Straße den Fluß entlang, brannte eine erbarmungslose Mittagshitze, hier standen, auf der Flußseite den grell bestrahlten Häusern gegenüber, die spärlichen Eschen und Ahorne dünnlaubig und schon spätsommerlich angegilbt. Wie es meine Gewohnheit war, ging ich auf der Wasserseite und schaute nach den Fischen aus. Im glashellen Flusse wedelte mit langen, wallenden Bewegungen das dichte bärtige Seegras, dazwischen in dunkeln, mir genau bekannten Lücken stand da und dort vereinzelt ein dicker Fisch träge und regungslos, die Schnauze gegen die Strömung gerichtet, und ohnehin jagten zuweilen in kleinen dunkeln Schwärmen die jungen Weißfische hin. Ich sah, daß es gut gewesen war, diesen Morgen nicht zum Angeln zu gehen, aber die Luft und das Wasser und die Art, wie zwischen zwei großen runden Steinen eine dunkle alte Barbe ausruhend im klaren Wasser stand, sagte mir verheißungsvoll, es werde heut am Nachmittage wahrscheinlich etwas zu fangen sein. Ich merkte es mir und ging weiter und atmete tief auf, als ich von der blendenden Straße durch die Einfahrt in den kellerkühlen Flur unseres Hauses trat.

»Ich glaube, wir werden heute wieder ein Gewitter haben«, sagte bei Tische mein Vater, der ein zartes Wettergefühl besaß. Ich wandte ein, daß kein Wölkchen am Himmel und kein Hauch von Westwind zu spüren sei, aber er lächelte und sagte: »Fühlst du nicht, wie die Luft gespannt ist? Wir werden sehen.«

Es war allerdings schwül genug, und der Abwasserkanal roch heftig wie bei Föhnbeginn. Ich spürte von dem Klettern und von der eingeatmeten Hitze nachträglich eine Müdigkeit und setzte mich gegen den Garten auf die Veranda. Mit schwacher Aufmerksamkeit und oft von leichtem Schlummer unterbrochen las ich in der Geschichte des Generals Gordon, des Helden von Chartum, und immer mehr schien es nun auch mir, es müsse bald ein Gewitter kommen. Der Himmel stand nach wie vor im reinsten Blau, aber die Luft wurde immer bedrückender, als lägen durchglühte Wolkenschichten vor der Sonne, die doch klar in ihrer Höhe stand. Um zwei Uhr ging ich in das Haus zurück und begann mein Angelzeug zu rüsten. Während ich meine Schnüre und Haken untersuchte, fühlte ich die innige Erregung der Jagd voraus und empfand mit Dankbarkeit, daß doch dieses eine, tiefe, leidenschaftliche Vergnügen mir geblieben sei.

Die sonderbar schwüle, gepreßte Stille jenes Nachmittags ist mir unvergeßlich geblieben. Ich trug meinen

Fischeimer flußabwärts bis zum unteren Steg, der schon zur Hälfte im Schatten der hohen Häuser lag. Von der nahen Spinnerei hörte man das gleichmäßige, einschläfernde Surren der Maschinen, einem Bienenfluge ähnlich, und von der Obermühle her schnarrte jede Minute das böse, schartige Kreischen der Kreissäge. Sonst war es ganz still, die Handwerker hatten sich in den Schatten der Werkstätten zurückgezogen, und kein Mensch zeigte sich auf der Gasse. Auf der Mühlinsel watete ein kleiner Bub nackt zwischen den nassen Steinen umher. Vor der Werkstatt des Wagnermeisters lehnten rohe Holzdielen an der Wand und dufteten in der Sonne überstark, der trockene Geruch kam bis zu mir herüber und war durch den satten, etwas fischigen Wasserduft hindurch deutlich zu spüren.

Die Fische hatten das ungewöhnliche Wetter auch bemerkt und verhielten sich launisch. Ein paar Rotaugen gingen in der ersten Viertelstunde an die Angel, ein schwerer breiter Kerl mit schönen roten Bauchflossen riß mir die Schnur ab, als ich ihn schon beinah in Händen hatte. Gleich darauf kam eine Unruhe in die Tiere, die Rotaugen gingen tief in den Schlamm und sahen keinen Köder mehr an, oben aber wurden Schwärme von jungem, jährigem Fischzeug sichtbar und zogen in immer neuen Scharen wie auf einer Flucht flußaufwärts. Alles deutete darauf, daß anderes Wetter im Anzug sei, aber die Luft stand still wie Glas, und der Himmel war ohne Trübung.

Mir schien, es müsse irgendein schlechtes Abwasser die Fische vertrieben haben, und da ich noch nicht nachzugeben gesonnen war, besann ich mich auf einen neuen Standort und suchte den Kanal der Spinnerei auf. Kaum hatte ich dort einen Platz bei dem Schuppen gefunden und meine Sachen ausgepackt, so tauchte an einem Treppenfenster der Fabrik die Berta auf, schaute herüber und winkte mir. Ich tat aber, als sähe ich es nicht, und bückte mich über meine Angel.

Das Wasser strömte dunkel in dem gemauerten Kanal, ich sah meine Gestalt darin mit wellig zitternden Umrissen gespiegelt, sitzend, der Kopf zwischen den Fußsohlen. Das Mädchen, das noch drüben am Fenster stand, rief meinen Namen herüber, ich starrte aber regungslos ins Wasser und wendete den Kopf nicht um.

Mit dem Angeln war es nichts, auch hier trieben sich die Fische hastig wie in eiligen Geschäften umher. Von der bedrückenden Wärme ermüdet, blieb ich auf dem Mäuerlein sitzen, nichts mehr von diesem Tag erwartend, und wünschte, es möchte schon Abend sein. Hinter mir summte in den Sälen der Spinnerei das ewige Maschinengetöne, der Kanal rieb sich leise rauschend an den grünbemoosten, feuchten Mauern. Ich war voll schläfriger Gleichgültigkeit und blieb nur sitzen, weil ich zu träge war, meine Schnur schon wieder aufzuwickeln.

Aus dieser faulen Dämmerung erwachte ich, vielleicht nach einer halben Stunde, plötzlich mit einem Gefühl von Sorge und tiefem Unbehagen. Ein unruhiger Windzug drehte sich gepreßt und widerwillig um sich selber, die Luft war dick und schmeckte fad, ein paar Schwalben flogen erschreckt dicht über dem Wasser hinweg. Mir war schwindlig und ich meinte, vielleicht einen Sonnenstich zu haben, das Wasser schien stärker zu riechen, und mir begann ein übles Gefühl, wie vom Magen her, den Kopf einzunehmen und den Schweiß zu treiben. Ich zog die Angelschnur heraus, um meine Hände an den Wassertropfen zu erfrischen, und begann mein Zeug zusammenzupacken.

Als ich aufstand, sah ich auf dem Platz vor der Spinnerei den Staub in kleinen spielenden Wölkchen wirbeln, plötzlich stieg er hoch und in eine einzige Wolke zusammen, hoch oben in den erregten Lüften flohen Vögel wie gepeitscht davon, und gleich darauf sah ich talherabwärts die Luft weiß werden wie in einem dicken Schneesturm. Der Wind, sonderbar kühl geworden, sprang wie ein Feind auf mich herab, riß die Fischleine aus dem Wasser, nahm meine Mütze mit und schlug mich wie mit Fäusten ins Gesicht.

Die weiße Luft, die eben noch wie eine Schneewand über fernen Dächern gestanden hatte, war plötzlich um mich her, kalt und schmerzhaft, das Kanalwasser spritzte hoch auf wie unter schnellen Mühlradschlägen, die Angelschnur war fort, und um mich her tobte schnaubend und vernichtend eine weiße brüllende Wildnis, Schläge trafen mir Kopf und Hände, Erde spritzte an mir empor, Sand und Holzstücke wirbelten in der Luft.

Alles war mir unverständlich; ich fühlte nur, daß etwas Furchtbares geschehe und daß Gefahr sei. Mit einem Satz war ich beim Schuppen und drinnen, blind vor Überraschung und Schrecken. Ich hielt mich an einem eisernen Träger fest und stand betäubte Sekunden atemlos in Schwindel und animalischer Angst, bis ich zu begreifen begann. Ein Sturm, wie ich ihn nie gesehen oder für möglich gehalten hatte, riß teuflisch vorüber, in der Höhe klang ein banges oder wildes Sausen, auf das flache Dach über mir und auf den Erdboden vor dem Eingang stürzte in dicken Haufen ein grober Hagel, dicke Eiskörner rollten zu mir herein. Der Lärm von Hagel und Wind war furchtbar, der Kanal schäumte gepeitscht und stieg in unruhigen Wogen an den Mauern auf und nieder.

Ich sah, alles in einer Minute, Bretter, Dachschindeln und Baumzweige durch die Luft dahingerissen, fallende Steine und Mörtelstücke, alsbald von der Masse der darüber geschleuderten Hagelschloßen bedeckt; ich hörte wie unter raschen Hammerschlägen Ziegel brechen und stürzen, Glas zersplittern, Dachrinnen stürzen.

Jetzt kam ein Mensch dahergelaufen, von der Fabrik her quer über den eisbedeckten Hof, mit flatternden Kleidern schräg wider den Sturm gelegt. Kämpfend taumelte die Gestalt näher, mir entgegen, mitten aus der scheußlich durcheinandergewühlten Sintflut. Sie trat in den Schuppen, lief auf mich zu, ein stilles fremdbekanntes Gesicht mit großen liebevollen Augen schwebte mit schmerzlichem Lächeln dicht vor meinem Blick, ein stiller warmer Mund suchte meinen Mund und küßte mich lange in atemloser Unersättlichkeit, Hände umschlangen meinen Hals, und blondes feuchtes Haar preßte sich an meine Wangen, und während ringsum der Hagelsturm die Welt erschütterte, überfiel ein stummer, banger Liebessturm mich tiefer und schrecklicher.

Wir saßen auf einem Bretterstoß, ohne Worte, eng umschlungen, ich streichelte scheu und verwundert Bertas Haar und drückte meine Lippen auf ihren starken, vollen Mund, ihre Wärme umschloß mich süß und schmerzlich. Ich tat die Augen zu, und sie drückte meinen Kopf an ihre klopfende Brust, in ihren Schoß und strich mit leisen, irren Händen über mein Gesicht und Haar.

Da ich die Augen aufschlug, von einem Sturz in Schwindelfinsternis erwachend, stand ihr ernstes, kräftiges Gesicht in trauriger Schönheit über mir, und ihre Augen sahen mich verloren an. Von ihrer hellen Stirne lief, unter den verwirrten Haaren hervor, ein schmaler Streifen hellroten Blutes über das ganze Gesicht und bis in den Hals hinab.

»Was ist? Was ist denn geschehen?« rief ich angstvoll.
Sie sah mir tiefer in die Augen und lächelte schwach.
»Ich glaube, die Welt geht unter«, sagte sie leise, und der dröhnende Wetterlärm verschlang ihre Worte.
»Du blutest«, sagte ich.
»Das ist vom Hagel. Laß nur! Hast du Angst?«
»Nein. Aber du?«
»Ich habe keine Angst. Ach du, jetzt fällt die ganze Stadt zusammen. Hast du mich denn gar nicht lieb, du?«
Ich schwieg und schaute gebannt in ihre großen, klaren Augen, die waren voll betrübter Liebe, und während ihr Mund so schwer und zehrend auf meinem lag, sah ich unverwandt in ihre ernsten Augen, und am linken Auge vorbei lief über die weiße, frische Haut das dünne hellrote Blut. Und indessen meine Sinne trunken taumelten, strebte mein Herz davon und wehrte sich mit Verzweiflung dagegen, so im Sturm und wider seinen Willen weggenommen zu werden. Ich richtete mich auf, und sie las in meinem Blick, daß ich Mitleid mit ihr habe.
Da bog sie sich zurück und sah mich wie zürnend an, und da ich ihr in einer Bewegung von Bedauern und Sorge die Hand hinstreckte, nahm sie die Hand mit ihren beiden, senkte ihr Gesicht darein, sank kniend nieder und begann zu weinen, und ihre Tränen liefen warm über meine zuckende Hand. Verlegen schaute ich zu ihr nieder, ihr Kopf lag schluchzend über meiner Hand, auf ihrem Nacken spielte schattig ein weicher Haarflaum. Wenn das nun eine andere wäre, dachte ich heftig, eine, die ich wirklich liebte und der ich meine Seele hingeben könnte, wie wollte ich in diesem süßen Flaum mit liebenden Fingern wühlen und diesen weißen Nacken küssen! Aber mein Blut war stiller

geworden, und ich litt Qualen der Scham darüber, diese da zu meinen Füßen knien zu sehen, welcher ich nicht gewillt war, meine Jugend und meinen Stolz hinzugeben.

Dieses alles, das ich durchlebte wie ein verzaubertes Jahr und das mir heute noch mit hundert kleinen Regungen und Gebärden wie ein großer Zeitraum im Gedächtnis steht, hat in der Wirklichkeit nur wenige Minuten gedauert. Eine Helligkeit brach unvermutet herein, Stücke blauen Himmels schienen feucht in versöhnlicher Unschuld hervor, und plötzlich, messerscharf abgeschnitten, fiel das Sturmgetöse in sich zusammen, und eine erstaunliche, unglaubhafte Stille umgab uns.

Wie aus einer phantastischen Traumhöhle trat ich aus dem Schuppen hervor an den wiedergekehrten Tag, verwundert, daß ich noch lebe. Der öde Hof sah übel aus, die Erde zerwühlt und wie von Pferden zertreten, überall Haufen von großen eisigen Schloßen, mein Angelzeug war fort und auch der Fischeimer verschwunden. Die Fabrik war voll Menschengetöse, ich sah durch hundert zerschlagene Scheiben in die wogenden Säle, aus allen Türen drängten Menschen hervor. Der Boden lag voll von Glasscherben und zerborstenen Ziegelsteinen, eine lange blecherne Dachrinne war losgerissen und hing schräg und verbogen über das halbe Haus herab.

Nun vergaß ich alles, was eben noch gewesen war, und fühlte nichts als eine wilde, ängstliche Neugierde, zu sehen, was eigentlich passiert wäre und wieviel Schlimmes das Wetter angerichtet habe. Alle die zerschlagenen Fenster und Dachziegel der Fabrik sahen im ersten Augenblick recht wüst und trostlos aus, aber schließlich war doch das alles nicht gar so gräßlich und stand nicht recht im Verhältnis zum furchtbaren Eindruck, den der Zyklon mir gemacht hatte. Ich atmete auf, befreit und halb auch wunderlich enttäuscht und ernüchtert: die Häuser standen wie zuvor, und zu beiden Seiten des Tales waren auch die Berge noch da. Nein, die Welt war nicht untergegangen.

Indessen, als ich den Fabrikhof verließ und über die Brücke in die erste Gasse kam, gewann das Unheil doch wieder ein schlimmeres Ansehen. Das Sträßlein lag voll von Scherben und zerbrochenen Fensterladen, Schornsteine waren herabgestürzt und hatten Stücke der Dächer mitgerissen, Menschen standen vor allen Türen, bestürzt und klagend, alles, wie ich es auf Bildern belagerter und eroberter Städte gesehen hatte. Steingeröll und Baumäste versperrten den Weg, Fensterlöcher starrten überall hinter Splittern und Scherben, Gartenzäune lagen am Boden oder hingen klappernd über Mauern herab. Kinder wurden vermißt und gesucht, Menschen sollten auf den Feldern vom Hagel erschlagen worden sein. Man zeigte Hagelstücke herum, groß wie Talerstücke und noch größere.

Noch war ich zu erregt, um nach Hause zu gehen und den Schaden im eigenen Hause und Garten zu betrachten; auch fiel mir nicht ein, daß man mich vermissen könnte, es war mir ja nichts geschehen. Ich beschloß, noch einen Gang ins Freie zu tun, statt weiter durch diese Scherben zu stolpern, und mein Lieblingsort kam mir verlockend in den Sinn, der alte Festplatz neben dem Friedhof, in dessen Schatten ich alle großen Feste meiner Knabenjahre gefeiert hatte. Verwundert stellte ich fest, daß ich erst vor vier, fünf Stunden auf dem Heimweg von den Felsen dort vorübergegangen sei; es schienen mir lange Zeiten seither vergangen.

Und so ging ich die Gasse zurück und über die untere Brücke, sah unterwegs noch durch eine Gartenlücke unsern roten, sandsteinernen Kirchturm wohlerhalten stehen und fand auch die Turnhalle nur wenig beschädigt. Weiter drüben stand ein altes Wirtshaus, dessen Dach ich von weitem erkannte. Es stand wie sonst, sah aber doch sonderbar verändert aus, ich wußte nicht gleich warum. Erst als ich mir Mühe gab, mich genau zu besinnen, fiel mir ein, daß vor dem Wirtshause immer zwei hohe Pappeln gestanden waren. Diese Pappeln waren nicht mehr da. Ein uralt vertrauter Anblick war zerstört, eine liebe Stelle geschändet.

Da stieg mir eine böse Ahnung auf, es möchte noch mehr und noch Edleres verdorben sein. Mit einemmal fühlte ich mit beklemmender Neuheit, wie sehr ich meine Heimat liebte, wie tief mein Herz und Wohlsein abhängig war von diesen Dächern und Türmen, Brücken und Gassen, von den Bäumen, Gärten und Wäldern. In neuer Erregung und Sorge lief ich rascher, bis ich drüben bei dem Festplatze war.

Da stand ich still und sah den Ort meiner liebsten Erinnerungen namenlos verwüstet in völliger Zerstörung liegen. Die alten Kastanien, in deren Schatten wir unsere Festtage gehabt hatten und deren Stämme wir als Schulknaben zu dreien und vieren kaum hatten umarmen können, die lagen abgebrochen, geborsten, mit den Wurzeln ausgerissen und umgestülpt, daß hausgroße Löcher im Boden klafften. Nicht einer stand mehr an seinem Platze, es war ein schauderhaftes Schlachtfeld, und auch die Linden und die Ahorne waren gefallen, Baum an Baum. Der weite Platz war ein ungeheurer Trümmerhaufen von Ästen, gespaltenen Stämmen, Wurzeln und Erdblöcken, mächtige Stämme standen noch im Boden, aber ohne Baum, abgeknickt und abgedreht mit tausend weißen, nackten Splittern.

Es war nicht möglich weiterzugehen, Platz und Straße

waren haushoch von durcheinandergeworfenen Stämmen und Baumtrümmern gesperrt, und wo ich seit den ersten Kinderzeiten nur tiefen heiligen Schatten und hohe Baumtempel gekannt hatte, starrte der leere Himmel über der Vernichtung.
Mir war, als sei ich selbst mit allen geheimen Wurzeln ausgerissen und in den unerbittlich grellen Tag gespien worden. Tagelang ging ich umher und fand keinen Waldweg, keinen vertrauten Nußbaumschatten, keine von den Eichen der Bubenkletterzeit mehr wieder, überall weit um die Stadt nur Trümmer, Löcher, gebrochene Waldhänge wie Gras hingemäht, Baumleichen klagend mit entblößtem Wurzelwerk zur Sonne gekehrt. Zwischen mir und meiner Kindheit war eine Kluft aufgebrochen, und meine Heimat war nicht die alte mehr. Die Lieblichkeit und die Torheit der gewesenen Jahre fielen von mir ab, und bald darauf verließ ich die Stadt, um ein Mann zu werden und das Leben zu bestehen, dessen erste Schatten mich in diesen Tagen gestreift hatten.

Nie zuvor
bin ich
auf die Idee
gekommen,
zwölfbändige Werke
zu verschenken.
Klaus Mehnert
zu
Hermann Hesse
Werkausgabe
in zwölf Bänden
edition suhrkamp
Suhrkamp Verlag